I0030074

FABIOLA PIETRELLA

FISCOLOGIA

Un Percorso Di Crescita Personale Per Comprendere I Meccanismi Economici Quotidiani e Aziendali Tra Fiscalità e Strategia

Titolo

"FISCOLOGIA"

Autore

Fabiola Pietrella

Editore

Bruno Editore

Sito internet

http://www.brunoeditore.it

Tutti i diritti sono riservati a norma di legge. Nessuna parte di questo libro può essere riprodotta con alcun mezzo senza l'autorizzazione scritta dell'Autore e dell'Editore. È espressamente vietato trasmettere ad altri il presente libro, né in formato cartaceo né elettronico, né per denaro né a titolo gratuito. Le strategie riportate in questo libro sono frutto di anni di studi e specializzazioni, quindi non è garantito il raggiungimento dei medesimi risultati di crescita personale o professionale. Il lettore si assume piena responsabilità delle proprie scelte, consapevole dei rischi connessi a qualsiasi forma di esercizio. Il libro ha esclusivamente scopo formativo.

Sommario

Introduzione

Ci vuole coraggio per scrivere un libro e ancora più coraggio per pubblicarlo.

Ho scoperto che scrivere un libro è peggio che scrivere un diario. È uno svisceramento di se stessi, anche se scrivi di fantasia. Per gli altri è fantasia, per te è qualcosa che provi dentro o che ti evoca emozioni.

Sai che puoi riuscire a comprendere i meccanismi economici quotidiani? Sai che hai bisogno innanzitutto di questo per sopravvivere (economicamente parlando), per aprire una tua attività o per prendere in mano l'azienda di famiglia? Sai però che tutto questo deve camminare parallelo a una crescita interiore?

La mia sfida è questa: insegnare che la vita di tutti è intrecciata, necessariamente, ai meccanismi economici e finanziari e pertanto non solo dobbiamo pretendere che ce lo insegnino a scuola sin da piccoli, ma dobbiamo assolutamente considerare la conoscenza di questi meccanismi come vitale per la nostra crescita e per la nostra tutela (personale e patrimoniale).

La comprensione dei meccanismi economici e finanziari quotidiani ci consente di aiutare noi stessi e gli altri, perché passa attraverso la conoscenza dei concetti fiscali (la fiscalità del Paese in cui viviamo), di quelli aziendali (se vogliamo avere un'attività nostra) e infine di quelli patrimoniali personali (la tutela del nostro patrimonio e di quello della nostra famiglia, per noi e per le persone che amiamo).

Nel mercato attuale professionisti e imprese devono avere la capacità di essere consulenti strategici.

La chiave del futuro allora non è operare come singoli, ma all'interno di una squadra specializzata, organizzata e imprenditorialmente strutturata. Solo così si acquista la necessaria competitività sul mercato.

Oggi, sia l'imprenditore sia il professionista devono uscire fuori innanzitutto dai limiti del proprio essere singolo (creando una struttura interna organizzata al servizio di ciò che si vuole offrire sul mercato) e poi procedere interattivamente con altri operatori del sistema, così da avere di fatto tra le mani conoscenze interdisciplinari.

Possedere una visione strategica, saper comunicare le proprie (effettive) competenze, superare il problema della vicinanza fisica, impadronirsi delle tecnologie sempre più aggiornate, questa è l'apertura che consente di vedere il sistema "se stessi" a tutto tondo.

Manca un aspetto importante: la passione. La passione è l'unico sentimento che ci consente in ogni occasione di agire al di là degli schemi precostituiti, di guardare un po' oltre, di rivolgerci al mercato con la consapevolezza intrinseca che il nostro lavoro non è rivolto solo alla crescita o all'arricchimento del nostro portafoglio, ma nella nostra mission ci deve essere sicuramente il favorire il benessere della società in cui si opera.

Ed è solo in questo modo che possiamo condividere (e a volte appoggiare) le follie e i sogni degli imprenditori (o futuri imprenditori), che vanno tuttavia coordinati con le regole del mercato e della legge.

È solo con una visione strategica che possiamo superare difficoltà che sembrano insormontabili, come quella del passaggio generazionale aziendale.

Una delle figure professionali, che per prima raccoglie i progetti dei potenziali imprenditori o che si trova a sostenere un passaggio generazionale, è il commercialista.

Sono una commercialista e vivo ogni giorno lo sforzo immane della necessità di attingere a tutte le competenze esistenti nel mercato, competenze che non sono solo legate alla mia professione (i rapporti con il fisco, con la giustizia tributaria e civile, con il sistema creditizio ecc.) ma anche e soprattutto a tutte quelle specializzazioni che si possono interporre tra sogno e realtà, quelle aperture che contribuiscono a fare in modo che i sogni divengano progetti.

Quindi visione strategica, innanzitutto. Poi una notevole organizzazione interna. E infine valorizzazione consapevole delle conoscenze, delle competenze e quindi di ogni specializzazione.

Queste sono le tre caratteristiche che oggi ogni soggetto che opera sul mercato deve possedere, così da avere l'opportunità di offrire al cliente uno sguardo e un raggio di azione a 360 gradi.

È solo in questo modo, sfruttando le conoscenze di tutto un gruppo, che ognuno riesce a offrirsi sul mercato come "il migliore", regalandosi reciprocamente una dimensione molto più competitiva dell'essere "singoli".

La potenza di avere sul mercato una visione strategica ad ampio raggio riguarda qualsiasi tipo di persona, che sia o no un imprenditore, e se imprenditore, che sia esso storico, con anni di esperienza o che sia in fase di start-up.

Fiscologia è una strategia di vita, un concetto che ha il malizioso obiettivo di aiutare chiunque, perché tutti necessariamente conviviamo con il grande mondo dell'economia.

Fiscologia riguarda chi, pur non facendo il professionista o l'imprenditore, deve comprendere l'importanza di saper vivere con la conoscenza di certe regole fiscali e giuridiche (per la vita di tutti i giorni, per una successione, per la tutela del patrimonio di famiglia ecc.).

Fiscologia riguarda coloro che hanno un sogno in un cassetto, quelli che hanno scritto un progetto solo nel proprio cuore ma che non riescono a realizzarlo; quei giovani, in particolare quei talenti che potrebbero potenzialmente fuggire dal nostro mercato, perché impauriti da un sistema di avvio e crescita piuttosto complicato.

Fiscologia riguarda coloro che invece devono prendere in mano un'attività di famiglia e che sono terrorizzati dall'essere considerati non capaci. Molto spesso il terrore di toccare qualcosa già costruito da altri è esso stesso filo conduttore dell'insuccesso.

In tutti questi casi una visione strategica consente di cercare figure che si occupino di finanziamenti per l'avvio di un progetto, che sappiano redigere un business plan di idee e numeri, che sappiano come fare per comunicare all'esterno il sogno, che sostengano l'idea con la giusta contrattualistica e le giuste misure di tutela, che siano specializzati in cyber crime, che sappiano fornire tutte le informazioni sull'organizzazione pratica e tecnologica di un'impresa, che sappiano portare il cliente nel mercato specifico di riferimento e infine che per questo possano cercare il contatto con il professionista o l'impresa necessari allo sviluppo del progetto stesso.

Fiscologia è "inculcare" la sete di conoscenza economica, perché si possa interagire con un mondo fatto di aspetti tutti necessari, ma tutti intrecciati necessariamente con il denaro, i numeri e le regole del gioco.

Fiscologia è una parola indefinibile (come quando Platone scriveva righe su righe per definire "logos"). Accetta la magia.

Se per caso ti fermi a guardare perché molto spesso le persone e le situazioni si bloccano o vanno in crisi, noterai che i motivi per lo più sono tre e sono anche combinati fra loro. Le persone non si analizzano e non sanno cosa vogliono veramente.

Pur sapendo quello che vogliono, le persone non sono così convinte da studiare in lungo e in largo come poter fare per realizzare il proprio desiderio. Infine non hanno abbastanza autostima per considerare che meritano di arrivare dove vogliono.

La conoscenza del sé, aggiunta alla conoscenza del mondo che ci circonda (per una corretta strategia di vita), il tutto combinato infine con un'etica nel rispetto di se stessi e degli altri. Tutto questo raccoglie *Fiscologia*.

Fabiola Pietrella

Capitolo 1:
Come diventare un "medico" dell'economia

Qualcosa di me e della mia voglia di scrivere

Leggo o scrivo? Leggere è la mia passione. Leggo di tutto, voglio capire, voglio sapere, ma il tempo non mi basta, ancora oggi non mi basta per nutrire il mio insaziabile desiderio di conoscere.

Se leggo disseto la mia immensa voglia di sapere, se scrivo forse però contribuisco ad alleggerire un sistema che a volte è chiuso e fermo a certi schemi (anche se non funzionano bene). È un sistema che non comprende e quindi non insegna alle nuove generazioni il valore dell'"etica" in senso generale e a sua volta quindi quello della solidarietà.

Non si pretende di far apprendere il concetto di solidarietà in maniera generica, cioè solo perché è giusto, è bello, è religioso. La solidarietà di cui parlo è quella legata quantomeno al dare per ricevere, è quella abbinata al concetto di "contribuire" per averne un vantaggio diretto o indiretto.

Penso che un mondo più consapevole, più etico, più informato sia la strada corretta per una vita migliore e per il raggiungimento della felicità personale; la corretta via per il benessere di un popolo e per garantire il futuro di un Paese che si possa dire civile.

Se le persone sono più consapevoli, riescono a trovare una soluzione a tutto, amano se stesse, vivono in armonia con il prossimo, divulgando con passione un avanzamento collettivo in ogni ambito.

Ero una bambina iperattiva: questo aggettivo, questa sindrome oltre quarant'anni fa non era compresa, forse non era ancora definita dalla scienza. E allora, ecco, si faceva più semplice a dire che ero una bambina irrequieta. Una bambina che non dorme mai o pochissimo, che deve fare sempre qualcosa, una bambina che è un vulcano, un'energia che non si ferma mai.

Dopo un anno di vita, quando iniziava a camminare, finalmente questa bambina dormiva per qualche ora. Ma la scelta dei genitori era ormai inesorabilmente senza ritorno: sarà figlia unica.

Qualcuno oggi li chiama "bambini indaco" (Lee Carroll, Jan Tober, *I bambini indaco*), quei bambini cioè che un tempo venivano semplicemente considerati quasi "cattivi" in quanto troppo vivaci, irrequieti o ancora ritenuti problematici sotto vari punti di vista.

In passato questo problema si sarebbe risolto, già da appena nati, secondo molti medici, somministrando una specie di "sonniferi", calmanti. Ecco, io ero una bambina così sin dalla nascita, ma i miei genitori per fortuna (o forse no?) decisero di non somministrarmi nessuna sostanza "soporifera".

Era un bel problema questa bambina, non si sapeva mai in quale guaio si sarebbe andata a cacciare. E così la zia, che lavorava a domicilio (negli anni settanta tante donne, soprattutto in campagna, facevano qualche lavoro manuale in casa), si inventò una strategia: cospargere le mani di mastice a questa bambina.

Così che per un po' ci potesse essere pace in casa, giusto giusto il tempo in cui la bimba, raggomitolata in un angolo, era impegnata a liberarsi le mani con le operazioni di pulizia. Era sicuramente un momento di riposo per chi si trovava a starle vicino.

Iniziare la scuola elementare (così si chiamava all'epoca) fu un vero problema per questa bambina, che disastro a scuola. Un asinello pazzo portato in un'aula. All'epoca non si parlava ancora di dislessia e quindi lei era semplicemente la pecora nera della classe. Secondo la maestra, la bambina era negligente, svogliata e, credo, la considerasse anche un po' ritardata.

Questa bambina ero io. Nulla di buono all'orizzonte. Questa irrequietudine era la mia e mi ha accompagnato per tutta la vita. Ancora è dentro di me e la mia battaglia giornaliera è raggiungere "un equilibrio energetico" a volte complicato.

Ben presto io, bambina, scoprivo che avrei avuto a che fare con un papà "diverso", lui era cardiopatico congenito, quindi in continuazione visite, medici, ospedali, interventi. Comprendevo subito, sin da piccola, la sofferenza legata alla malattia e cercavo di capire, in mezzo a tantissime difficoltà, come funzionava questo Paese.

Sin da bambina, leggevo, leggevo e leggevo, dappertutto leggevo che l'Italia è un Paese sociale, che aiuta le famiglie meno abbienti e con difficoltà economiche. Ma io non potevo permettermi gli abiti che indossavano gli altri bambini e Babbo Natale a me non portava i giochi che avevano gli altri.

Agli occhi di una bambina persino Babbo Natale sembrava quasi cattivo. E i miei occhi da adolescente guardavano dalla finestra di un ospedale e pensavano che là fuori la vita scorreva senza pensare a chi stesse lì dentro.

A undici anni, dopo le elementari, decisi che io sarei stata una commercialista e dentro di me pensavo che con questo lavoro avrei dovuto anche contribuire ad aiutare le persone e a comprendere quali erano le opportunità che il nostro Paese offre.

Non sapevo ancora come avrei fatto a raggiungere questo sogno/obiettivo, perché non ero tanto bravina a scuola alle elementari e soprattutto perché non avevo in mente proprio nulla di pratico per arrivare a "colpire" le menti di chi, come me, stava crescendo e doveva comprendere dei meccanismi complicati. Nel tempo questo obiettivo si era assopito.

Insomma, ero poco più di una bambina mentre decidevo che io sarei stata una commercialista. Era un sogno difficile da realizzare per una bambina, figlia di una famiglia normale.

Terminata l'università, iniziai il tirocinio, pensando che sarebbe stato un altro lungo periodo di tre anni senza riconoscimento economico. Ma non mi scoraggiai.

Il periodo che pensavo lungo non lo fu poi così tanto, perché erano parecchie le cose da imparare e subito capii che la "nostra" scuola ci fornisce tanti strumenti teorici, ma nessun concetto pratico del mondo reale.

Decisi di trascorrere una parte di tempo all'interno di un'azienda, un calzaturificio, perché mi dicevo tra me e me che un commercialista doveva innanzitutto capire come funziona un'impresa e per farlo deve entrare in contatto con la sua anima.

Ancora oggi, quando incontro un imprenditore, gli chiedo di farmi conoscere la sua azienda prima di dare pareri importanti, perché per me un'azienda è come una persona, devo conoscere la sua anima prima di ogni altro aspetto. Devo comportarmi come un medico con il suo paziente, devo comprendere quello che la sua attività sta somatizzando di lui.

Superato l'esame di Stato, aprii il mio studio con zero clienti. Piano piano ho iniziato a lavorare a stretto contatto con le aziende delle mie zone e loro rappresentavano per me una grande fonte di studio e di riflessione. Per me era ed è un rapporto bidirezionale basato sullo scambio delle informazioni e sulla condivisione di conoscenze.

Una normativa complicata, in continuo cambiamento, e le scadenze sempre più ravvicinate, contorte e difficili mi insegnarono sin da subito che gli imprenditori avevano necessità di un supporto per non perdersi nella giungla delle regole.

Imparai che è sempre fondamentale porsi degli obiettivi. E per me l'obiettivo a lungo termine era creare piano piano un'organizzazione interna ed esterna, fatta di innovazione, specializzazione e competenza.

Tracciai quindi subito nella mia mente cosa significasse essere una commercialista del terzo millennio: un soggetto in divenire, che cambia in continuazione il proprio approccio al lavoro, presidiando le tante aree con professionalità e perizia.

L'assistenza nelle crisi d'impresa, il controllo legale e contabile, la compliance, la mediazione, gli incarichi giudiziari, la governance, il no profit, la tutela patrimoniale ecc. si intrecciano tutte fra loro e quindi sono tutte conoscenze necessariamente da trasferire in qualche modo all'imprenditore di ogni genere, piccolo o grande che sia e di qualsiasi settore si occupi per aiutarlo in quegli ambiti troppo lontani dalla sua competenza.

Capii quindi la mia natura, la mia predisposizione caratteriale, la mia mission: creare una realtà integrata dove più specialisti si sarebbero messi nella condizione di dare consulenza di qualità a

360 gradi.

Tanto pesante (anche economicamente) era stato raggiungere l'abilitazione da commercialista (ribadisco che dopo l'università, ci sono stati ben altri tre anni di tirocinio all'epoca), così tanto complicato era diventare un professionista "accreditato".

Ben presto imparai a contare solo su me stessa, percependo però dentro di me una forza interiore inusuale. E subito compresi che la mia forza era legata a una dote di organizzazione e alla capacità di ascoltare e di nutrirmi delle parole, delle opinioni e delle esperienze di tutti coloro che incontravo sulla mia strada.

La mia famiglia, mio padre soprattutto, mi aveva sempre insegnato il valore della libertà nel senso generale del termine, ma soprattutto della libertà di una donna, che non dovrebbe mai sottostare a nessuno da ogni punto di vista, né economico, né mentale.

"Non sia mai", diceva mio padre, "che tu venga costretta a non dire la tua opinione o esprimere il tuo desiderio. Poniti sempre alla pari di un uomo, ma ascolta bene prima di parlare. Accetta il diverso. E non giudicare".

A questo si aggiungevano le continue spinte a studiare, parole che ripeteva ogni giorno come un martello pneumatico, perché la conoscenza, diceva, è l'unico modo per abbattere le barriere imposte dalla società.

Questi sono stati insegnamenti preziosi, parole stampate per sempre dentro di me, che ancora oggi ridondano a ogni occasione della vita.

Nel corso del mio cammino di vita, a tratti per la verità lo sconforto prevaleva. Tutta quella forza interiore, la passione e il desiderio, a volte, si scontravano però con la realtà. Non avrei mai raggiunto i piani alti per parlare e dire la mia opinione.

Mi chiedevo se sarei mai riuscita a partecipare a tavoli di lavoro o convegni in cui avrei avuto la possibilità non tanto e solo di parlare, ma anche di imparare e di comprendere bene il labirinto di un sistema economico-sociale sconosciuto ai giovani, che spesso si rassegnano a non capire o a capire solo quello che è strettamente necessario per sopravvivere.

Si sa che attraversare una giungla è pericoloso, non sai mai quanti animali selvatici puoi incontrare e al termine della vita, se stai in silenzio e ti fai i fatti tuoi, forse ci arrivi anche se non l'hai attraversata e anche se hai deciso di intraprendere una strada laterale, molto più lunga, meno emozionante, con poche aspettative, ma formalmente molto meno pericolosa.

Solo formalmente però, perché se invece il destino decidesse di porti davanti a problemi di ogni genere (economici, familiari, di salute) sarai costretto ad affrontarli. In quella giungla verrai catapultato da un aereo e ti troverai proprio lì in mezzo a chiederti perché non ti sei posto il problema nel corso della vita o non te l'hanno posto insegnandotelo.

Nell'inevitabile discesa verso la giungla tutti i pensieri saranno soffocati dal rimpianto di non esserti chiesto come funzionasse davvero la vita. Gli inglesi dicono "the only way out is through", ossia l'unica via per uscirne è attraversare la situazione. C'è un grande potenziale in ognuno di noi, ma ci servono gli strumenti e le conoscenze per fare quella che a volte sembra una magia: risolvere i nostri problemi.

Innanzitutto però bisogna essere persone complete da ogni punto di vista, perché non siamo solo corpo o solo mente o solo anima. E per essere completi è importante non essere ignoranti. La cultura, la conoscenza è l'unico modo per non sentirci soggetti deboli e per conoscere i nostri diritti.

La cultura porta la libertà, anche se spesso si incontrano persone (soprattutto quelle che hanno posizioni di potere) che nemmeno ti considerano o neppure stanno ad ascoltare quello che hai da dire loro.

Per me la sensazione di indifferenza era prima così offensiva, che quasi quasi aveva il potere di scoraggiarmi. Poi ho compreso. Colui che si comporta in questo modo, semplicemente non è completo, per cui, pur avendo una posizione di potere, va compreso, perché sicuramente c'è qualche aspetto che gli manca, la sua arroganza è in realtà il risultato di un profondo vuoto.

Forse non lo comprenderà mai, ma essere consapevoli della sua mancanza ci permetterà di non considerare il suo comportamento come un'offesa. La cultura è quello che ci consente di combattere per "guadagnarsi" il diritto di essere rispettati e di essere tenuti in considerazione.

La figlia di una famiglia semplice ed economicamente non abbiente non può riuscire, credevo, ad arrivare dove vuole. Forse, pensavo, "se mi mettessi in politica potrei cambiare qualcosa", pensavo tra me, ma la politica mi faceva e mi fa paura.

Però se nessuno si impegna a fare qualcosa, tutto rimarrà sempre com'è. Questo pensiero mi ha martellato la mente per tutta la vita. Intanto però dovevo impegnarmi e imparare qualcosa. Intanto però innanzitutto dovevo essere io a comprendere. E intanto io dovevo meritarmi un po' di stima collettiva e "costruire" un po' della mia vita professionale.

Mi dicevano e mi dicono ancora oggi che dobbiamo considerare che c'è una politica corrotta, che ci sono stati e ci sono rappresentanti del nostro Paese che non hanno fatto e non farebbero il loro lavoro.

Mi dicono che bisognerebbe prendere atto che domina il lassismo, che non bisogna essere "anime pure" (così testualmente mi è stato detto), ma che occorrerebbe aprire gli occhi. Chiedo a chi me lo dice cosa accadrebbe se dovessimo agire in maniera scorretta solo perché qualcuno non si comporta bene; se questo "lassismo" di cui parlano ci dovesse influenzare e anzi coinvolgere.

I giochi di potere possono essere fatti solo quando c'è un'incredibile e voluta ignoranza di base. I nostri figli, le future generazioni crescono con un'educazione appositamente mediocre, così che siano masse facilmente controllabili.

In tutto questo, nonostante tutto questo, i miei genitori non mi hanno mai fatto perdere il profondo rispetto per gli insegnanti e per le istituzioni. E mai ancora oggi ho perso il senso di profonda appartenenza al Paese in cui vivo. Sono italiana e sono orgogliosa di esserlo. Sono religiosa e non mi vergogno di essere tale.

Era maggio 1998 quando mi laureai. Sono passati oltre vent'anni, mi fa tenerezza pensare a tutto questo tempo trascorso. Nel 2010 entrò in società con me la dottoressa Samuela Bruè: nacque lo studio associato Pietrella-Bruè e da allora, in questi nove anni insieme, abbiamo creato una struttura (tra collaboratori esterni e dipendenti) di oltre 20 persone, che cercano ogni giorno di fornire un servizio al cliente il più completo possibile, un servizio dettato però sempre da ragioni di integrità e correttezza.

Chiunque collabori con noi sa che il nostro motto è "amare gli altri per ciò che sono" e quindi vengono portati a vedere, innanzitutto, chi sono i clienti, gli imprenditori, cosa provano: è importante guardare al di là dei numeri.

Da tutto questo per me è nata e cresciuta nel corso del tempo l'importanza della formazione da dare e da ricevere. Ed è così che amo stare in contatto anche con l'università, dove sono professore a contratto da sei anni, con gli enti di formazione che erogano corsi di ogni livello, con gli ordini professionali e con gli enti che organizzano convegni, dove vengo invitata come relatore.

Insegnare è quindi un'altra delle mie passioni. Insegnando ai ragazzi ho prima percepito e poi compreso bene che il nostro sistema educativo consente sicuramente di leggere, scrivere e contare (fino alle elementari), poi inizia a dare una cultura generale (nel corso delle scuole medie) e infine, durante gli anni della secondaria e all'università, consente di affinare la conoscenza e cerca di fornire una preparazione professionale di base.

Soffre però di una mancanza importante: l'arte del vivere in mezzo a un Paese fatto (giustamente) di regole, leggi, condizioni, diritti e doveri. Manca tutta una serie di insegnamenti che tengano conto dell'attualità, dei problemi odierni e che siano al passo con la continua mutevolezza delle esigenze.

Di certo non esiste un manuale di corretta vita economica e finanziaria (e non ho l'illusione di poterlo scrivere), ma vanno forniti ai ragazzi i mezzi per "sopravvivere", gli spunti e gli stimoli per approfondire al momento del bisogno le carte da giocare nel dinamismo incontrollato del mercato.

Dall'insegnamento sono evoluta alla scrittura. Ho scoperto che mi piace scrivere, mi piace raccontare quello che mi capita professionalmente. Perché? Perché ho pensato che potesse essere di aiuto agli altri.

Non scrivo mai argomenti scontati, non scrivo mai articoli su argomenti fritti e rifritti, scrivo articoli su casi pratici che mi sono capitati e sui quali ho dovuto studiare, su casi dove, guarda un po', non si trova nulla di scritto. E mentre allora si finisce per impazzire interpretando e per capire come poter fare meglio, sorge la solita domanda: perché proprio io devo risolvere questo caso?

Non mi possono capitare cose semplici da cui poter guadagnare senza studiarci tanto sopra? E ti rendi conto che, forse, quel caso, non è capitato solo a te, ma anche a qualcuno che quello specifico problema proprio non se l'è posto o, meglio, non ha pensato di scrivere un articolo per aiutare un altro professionista e magari così fargli dire la sua.

Non ho paura di scrivere articoli, sono aperta a critiche e a opinioni diverse. Molti editori ti mettono in croce se per caso qualcuno dei lettori dice la propria opinione o tenta di correggere quello che tu hai scritto. Io non la penso così.

Sarebbe bello ricevere critiche costruttive, che mi facciano capire come l'altro abbia interpretato il caso. Solo così, entrambi, cresciamo veramente.

La scrittura poi mi consente di "sfogare" le emozioni. Le emozioni positive per il caso che ho risolto, quelle negative per "denunciare" vuoti normativi, quei vuoti che non ti permettono di aiutare il cliente.

Un cliente per me diventa una specie di amico (anche se lo so che i protocolli di buon comportamento professionale non lo consentono). Perché un amico? Affinché possa dare una consulenza corretta io devo conoscere tutta la sua vita, cosa pensa, cosa prova, chi ama.

Ecco perché fiscologia come concetto diverso di consulenza, una consulenza a 360 gradi dentro l'anima del cliente. Confrontandomi con altri professionisti, sento dire che la consulenza deve essere a 360 gradi in termini di settore di specializzazione. Questo per me è scontato.

È ovvio che dobbiamo essere esperti di determinate materie specialistiche. Questa è la base. Non ho mai creduto nel "tuttologo". Ma questo è (relativamente) semplice. Basta avvicinarsi a professionisti altamente specializzati in quella specifica materia. Quello che invece è veramente complicato è far comprendere ai professionisti e ai clienti che occorre instaurare un rapporto di coach.

Questa parola oggi è molto di moda, come lo è tutto quello che è legato al benessere, ma è importante capire, al di là della parola che si vuole usare, che tutto quello che è immateriale si intreccia a tutto ciò che è materiale. Vediamo però quello che intendo.

Come l'educazione diventa un fondamentale insegnamento di vita per curare se stessi
Si parla di "crisi dell'educazione", ma non la condivido.
Jean-Jacques Rousseau diceva che insegnare è *"insegnare a vivere"*. Il suo senso dell'educazione si trova nell'*Emilio*, in cui

l'insegnante dice del suo allievo: "Vivere è il mestiere che voglio insegnargli".

Il concetto di vivere è molto ampio, ma nel mezzo c'è anche quello di rendersi consapevole di essere un cittadino della propria Nazione.

"Il problema della conoscenza è un problema chiave della nostra vita di individui, di cittadini, di esseri umani nell'era planetaria": "è introdurre una cultura di base che includa la conoscenza della conoscenza" (Edgan Morin, *Insegnare a vivere. Manifesto per cambiare l'educazione*).

Non è importante insegnare ai ragazzi solo se qualcosa è giusto o sbagliato. Avranno il tempo di valutare le idee opposte. Oggi va insegnato anche quello che oggettivamente è il mondo economico-finanziario in cui vivono.

I nostri figli, le nostre nuove generazioni crescono in Italia senza alcuna concezione di quello che è il funzionamento pratico del Paese in cui vivono. "Piccoli contribuenti crescono" senza sapere il significato della parola "contribuente" e senza alcuna educazione o cultura in materia fiscale ed economico-finanziaria.

I bambini e gli adolescenti sono invece il punto focale di ogni comunità e in quanto tali dovrebbero poter vivere pienamente la loro vita sviluppando completamente e autonomamente il loro potenziale.

L'educazione del contribuente non deve passare attraverso il terrore dei controlli e degli accertamenti. Siamo un paese sviluppato e, come tale, è necessario che l'educazione passi anche attraverso l'insegnamento della fiscalità della propria nazione sin da bambini.

Insegniamo alle nostre generazioni future tante materie importanti come la storia, la geografia, la lingua, e poi ci perdiamo in un bicchiere d'acqua quando si tratta di insegnare loro "la vita quotidiana".

Un'ora alla settimana (quando va bene) sarebbe dedicata all'educazione civica, ma, in nessun grado del nostro sistema scolastico, c'è traccia di come funziona concretamente il nostro "sistema Paese".

I nostri ragazzi sono tutti preparatissimi sul mondo web e sul digitale, e allora mi viene in mente di digitare sui motori di ricerca "la fiscalità per i ragazzi". Volete sapere cosa ne esce? Vediamo i primi risultati della ricerca:

- Partita Iva 2018 giovani, professionisti e imprese: cosa cambia?
- Partita Iva per i giovani.
- Aprire un'attività: quali sono le tasse da pagare?
- Partita Iva under 35: come funziona e quando conviene.
- Come calcolare la tassazione per chi lavora (anche) all'estero.
- Italiani all'estero: ecco come non pagare le tasse due volte.
- Ecc. (provateci).

In teoria, qualsiasi iscritto (o almeno laureato) a un corso di economia pensiamo abbia questi concetti. Per chi ha un'altra formazione, invece, pensiamo sia legittimato a non averne e a poter fare a meno di averne.

Tuttavia nel mondo anglosassone, ad esempio, già da alcuni anni, le banche d'affari londinesi consigliano di inserire sin dalle elementari i principali concetti base di economia. In altri termini, sarebbe opportuno, sin da piccoli, un'operazione di "alfabetizzazione economica".

Basti pensare a quante persone finiscono sul lastrico, falliscono, fanno operazioni incaute e gestiscono attività ignorando la "vera importanza dei numeri".

È ovvio che il problema viene quando si è adulti, quando è ora di entrare nel mondo del lavoro, quando occorre gestire il proprio stipendio, quando è ora di acquistare una casa e farsi una famiglia, quando si vuole investire, quando infine si vuole gestire un'attività, quando diventa importante leggere (e non capire alla perfezione) un bilancio.

È solo così che avremmo l'opportunità di mantenere un'armonia sociale, una stabilità economica tale da consentire di camminare tutti nella stessa direzione.

Se capissimo l'importanza di uno stato sociale (a vantaggio di tutti), la necessità assoluta che tutti paghino le imposte (così da non permettere che qualcuno non emetta ricevuta, scontrino o fattura), se tutti veramente fossimo sulla stessa lunghezza d'onda, non ci sarebbero più tanti dislivelli sociali e tante difficoltà nella gestione della nostra vita economico-finanziaria.

Questo è il concetto di etica fiscale, quello che nella mente degli italiani è lontano ancora anni luce, per il semplice fatto che: a) non hanno coscienza dell'importanza della formazione economica; b) ritengono che rubare (fiscalmente) significhi essere bravo; c) non hanno ancora compreso che tutto ciò è un vero boomerang.

E allora succede che perdi un treno, anzi ti addormenti su un treno (perché la vita continua comunque a scorrere). Cosa succede se ti addormenti? Che resti lì dove sei, che non ti muovi veramente sulla strada che hai pensato per te, perché quella strada la sogni, la pensi, ma poi stai lì addormentato ad aspettare che qualcuno o qualcosa ti svegli o, peggio, ti accontenti che qualcuno la percorra per te.

Ma poi a un certo punto, forse, è troppo tardi, troppo tardi per recuperare. Questo succede a chi sogna di fare un lavoro, ma non sa come gestirlo, a chi pensa, per esempio, che studiare sia una perdita di tempo, perché poi tanto c'è qualcuno che certe cose le farà per noi.

È pur vero che alcuni grandi nomi non hanno studiato, ma è pur vero che la cultura di certo male non fa, mentre la mancanza di cultura (soprattutto quella legata alla vita economica di ciascuno di noi) di sicuro fa male.

Come solo la formazione in campo ti consente di crescere in maniera bidirezionale: dentro-fuori e fuori-dentro
Nel corso di questi anni da professionista ho avuto una grande opportunità di formazione in campo: assistere imprese in crisi e curare fallimenti.

Non voglio essere fraintesa. Trattare una crisi d'impresa o curare un fallimento non è semplice (né professionalmente, né psicologicamente, anzi soprattutto dal punto di vista personale), però questa esperienza mi ha insegnato veramente tanto.

Essere curatore significa innanzitutto vedere perché un'impresa ha concluso il suo percorso, rendersi conto che c'è un aspetto profondamente umano dietro, quello di chi ha costruito il proprio "impero", la propria vita intorno a quell'impresa.

Dietro a un fallimento o a una crisi d'impresa ci sono sempre tanti motivi, ma purtroppo spesso i tecnici tendono a non vedere tutti gli aspetti, perché guardano solo i numeri e le responsabilità. Ma i numeri li sanno leggere tutti o comunque tutti quelli che possono essere chiamati professionisti.

Va letto cosa c'è dietro a una crisi d'impresa, una crisi di famiglia, un difficile passaggio generazionale, la malattia di un uomo chiave.

Uno dei problemi che più di ogni altro ho rilevato è che a un certo punto l'imprenditore va in disperazione assoluta e si chiede dove ha sbagliato. Spesso non si rende conto che tutto proviene da se stesso e dalla sua personale storia.

Se ti addentri nella storia di ognuno, comprendi che domina una confusione totale. L'imprenditore in crisi non sa più cosa è giusto e cosa è sbagliato, non sa più di chi fidarsi e non si fida più nemmeno di se stesso, perché sente di aver già sbagliato tanto.

Capisce che se va in una o in un'altra direzione potrebbe veramente affondare, sia dentro di sé che fuori, agli occhi del mondo. È la sensazione di disperazione e di vuoto che ha una persona (imprenditore o no) che va in crisi.

Molti imprenditori per esempio non comprendono che hanno preso in mano un'azienda di famiglia perché ci si aspettava questo da loro, ma non era la loro strada, non era quello che volevano.

Molti hanno condotto studi imposti dai genitori e/o dalle circostanze, ma non hanno mai provato a percorrere la propria anima per comprendere se questo era esattamente quello che desideravano.

Alcuni imprenditori sono nati, o meglio cresciuti, così, con la voglia di ingannare gli altri, ma anche questo è un comportamento che andrebbe compreso, andrebbero analizzate le origini delle azioni che ognuno fa.

In molti invece c'è la mancanza di conoscenza, per cui si affidano completamente agli altri, senza avere la minima idea della strada che stanno percorrendo, ossia conducono un'impresa con le bende sugli occhi.

Si dice che da una crisi c'è sempre una rinascita. Questo forse è vero, ma ciò è possibile solo se il soggetto che in qualche modo è andato fuori strada viene seguito passo passo, così che non possa fare ulteriori danni a terzi, a quelli che vengono chiamati creditori e che a loro volta possono trovarsi in difficoltà perché si sono affidati al cliente che lo avrebbe dovuto pagare.

Seguire da vicino l'imprenditore in crisi significa anche tutelarlo da se stesso, perché a volte non si scopre quello che si vuole e quello che è giusto, perché non c'è nessuno che ci contesta e ci ferma.

Ci sono situazioni che vanno invece fermate subito, perché dobbiamo avere un mercato sano da tutti i punti di vista. Se accettiamo di avere un sistema in cui le imprese arrivano al fallimento o comunque alla cessazione, quando già hanno fatto notevoli danni a coloro con cui sono venuti in contatto, non avremo mai un'economia sana.

Abbiamo accettato per tantissimo tempo un sistema che permetteva alle aziende di spargere "sangue", di lasciare tantissimi debiti e una quantità notevole di imposte non pagate.

Oggi i consulenti più seri, dal mio punto di vista, non fanno consulenza come si intendeva in passato, piuttosto fanno formazione al proprio cliente, così che non possa sbagliare ancora: risolvere il problema sì, ma risolverlo insegnando.

Spesso ho visto la disperazione delle persone, di coloro che hanno dovuto subire un fallimento, perché l'hanno subito senza immaginare le conseguenze, senza che si aspettassero di aver sbagliato fiscalmente o civilisticamente (perché nessuno lo ha insegnato loro) e senza che quindi potessero proteggersi da se stessi e dalle proprie azioni.

Poi in loro scatta una specie di rabbia nei confronti del curatore, il quale tuttavia non può fare altro che prendere l'incarico e svolgerlo nel modo migliore possibile per proteggere tutti quelli che invece a cascata subiranno quel fallimento (dipendenti, creditori ecc.).

Spesso questi imprenditori vengono lasciati soli da tutti, dai professionisti (che non hanno più nulla da prendere), dalla famiglia (delusa dall'imprenditore), da un sistema complesso che lui non riesce a capire, perché obiettivamente ormai è troppo tardi per comprendere. Sono anche a volte imprenditori lasciati soli dalle istituzioni, quando il loro fallimento è dovuto all'illegittimo comportamento di altri.

La sua formazione doveva avvenire molto tempo prima, mentre studiava e mentre conduceva la sua azienda, piccola o grande che sia. Nessuno, né a scuola, né nella vita di tutti i giorni, gli ha insegnato che tutto passa attraverso la conoscenza dei meccanismi economici, finanziari e giuridici.

Nessuno gli ha insegnato che la vita di tutti i giorni passa attraverso la crescita personale, che si intreccia in continuazione con la conoscenza di come funzionano le dinamiche a lui esterne, a volte imprevedibili e incontrollabili.

E la crescita personale significa inseguire le proprie aspirazioni, le proprie passioni, significa dare l'opportunità di avere un certo tipo di formazione a chi non può averne. E tutto questo è sicuramente innanzitutto un problema legato alle scuole.

Sono stata ad esempio a un concerto lirico. Il direttore d'orchestra, in un'intervista, faceva presente che in Italia, pur essendoci tanti teatri e pur essendo la madre della lirica, le persone non conoscono abbastanza questo tipo di musica, non frequentano i concerti e i teatri e non hanno contezza dell'importanza della cultura artistica.

Quando ero piccola desideravo suonare il pianoforte. Avrei voluto sollecitare quei tasti per fare emergere con la musica un po' di quello che provavo. Adoro vedere i pianisti far fluttuare quelle dita, quasi accarezzassero qualcosa di morbido o addirittura di ondeggiante come l'acqua. Facci caso, è come se stessero toccando qualcosa di liquido.

Ma io non potevo da bambina, non ci si poteva permettere di fare lezioni di musica. A volte mi chiedo cosa sarei stata oggi se avessi imparato a suonare il pianoforte e se avessi studiato a Milano, come tanto avrei voluto. Ma forse non sarei quella che sono.

Chissà quanti ragazzi ancora oggi non si possono permettere di fare delle attività, sottolineo, in uno stato sociale come quello che vantiamo. Si dice che l'arte è un dono di nascita, cantare, suonare, dipingere: sarà pur vero, ma se non provi non puoi sapere.

Magari non diventi il migliore, ma non si fa qualcosa per diventare il numero uno, lo si fa perché si ama farlo e, soprattutto perché è importante provare e mettersi in gioco.

Ecco, la stessa cosa vale per il mondo dell'economia, con la sostanziale differenza che se certi concetti non li conosci, ti ritrovi a fare i conti da solo, con il tuo mondo, non con il mondo reale. Molti giovani vengono da me dicendo: "Io, sa, dottoressa, con queste cose fiscali non ci ho mai capito niente. In matematica ero pure bravino, ma in questo enorme contesto di leggi e interpretazioni io proprio non riesco a districarmi".

E allora? Allora come fai quantomeno a condurre te stesso, la tua vita economica di base?

Mi si potrebbe obiettare che non tutti possiamo essere specializzati in tutto. Non possiamo essere ad esempio medici, sarebbe troppo bello. Credo che innanzitutto nessuno debba essere uno specialista dell'economia e del diritto.

Inoltre, se dal momento in cui veniamo al mondo ci viene assegnato un codice fiscale, forse vuol dire che la nostra formazione non può prescindere dal conoscere elementi di base dell'economia, delle leggi e della fiscalità del Paese in cui viviamo. Occorrono le basi per vivere, per chiunque, non solo per chi ha un'attività professionale o d'impresa.

Esempi di formazione in campo: "piccole" storie di persone che ho incontrato

Antonio

Antonio è un ex imprenditore. Ha problemi con una figlia, che ha notevoli difficoltà psicologiche. Ha un rapporto conflittuale con la moglie. La mia sensazione è che abbia un problema nella considerazione della "donna", perché è questo che gli è stato insegnato.

Antonio ha scoperto una malattia grave. Si sente solo, solo perché è stato sempre un padre-padrone, nessuno in casa sa niente di lui. Ha un bel patrimonio, immobili e quote societarie. E qualche problema ancora da risolvere sia di natura finanziaria sia fiscale.

I suoi timori consistono nel tramandare questi problemi alla figlia e alla moglie che, a suo dire, non saranno in grado di risolvere, ma soprattutto nel lasciare un patrimonio che potrà venire facilmente sperperato a causa delle difficoltà della figlia.

Vado a fondo e cerco di comprendere, cerco di capire se si è mai rivolto a dei professionisti, se ha fatto mai presente questi timori e cosa sta veramente pensando dentro di sé. Chiedo se il suo problema è solo prettamente di natura economica, perché ci sono persone che semplicemente non vogliono staccarsi dai beni materiali.

Molte sono le persone che credono di essere dei super eroi, di quelli che non moriranno mai e sono quindi convinte che non lasceranno mai quello che hanno costruito materialmente. Solo un evento forte (come una malattia) li riconduce alla realtà, ma poi va compreso se sta solo lottando con se stesso (almeno apparentemente) perché quelle cose non le vuole lasciare.

Non si è mai fatto il problema della tutela patrimoniale e della successione, perché, come tanti, è convinto appunto di essere invincibile. Soprattutto non si è fatto mai il problema di utilizzare questi strumenti per fornire una tutela a chi verrà, affinché appunto quello che ha costruito resti un aiuto, un'ancora di salvataggio per i suoi cari, non un problema.

Questo non significa pianificare il futuro degli altri, piuttosto significa pianificare "la successione della mia vita" senza che questa possa costituire un problema per gli altri.

Paolo e Sonia

Sonia è un'imprenditrice sin da quando era una ragazza. È praticamente una stilista, oggi un'esperta di moda. Sonia si sposa con Paolo, un bel ragazzo di famiglia benestante. Non hanno figli per cui ne adottano due, due meravigliosi bambini.

Sonia fa tanti sacrifici per crescerli. Paolo, che pur adora questi figli, è un uomo, come tanti, che sente la mancanza di una donna nel momento in cui ci sono dei figli da accudire, si sente trascurato.

Subisce inoltre la spinta negativa di una famiglia di origine che tende a svalutare le capacità di Sonia, semplicemente perché non è benestante.

Paolo aveva un lavoro suo, un'attività sua, ma a un certo punto prende su di sé la parte amministrativa di Sonia, la quale a questo punto perde il controllo dello stato di salute dell'azienda. Paolo probabilmente ha sperperato soldi per cose sue personali e arrivano da me quasi sull'orlo del fallimento.

Inutile dire che in queste situazioni vai a sviscerare tutti i numeri e tutti gli *stakeholders* (banche, fornitori ecc.) che hanno "giocato" con un imprenditore fragile, che appunto non sapeva niente dei meccanismi economici e fiscali e che, soprattutto, non ha fatto mai fronte (o mai preso atto) dei suoi problemi personali per capire il perché di certi suoi comportamenti. Di nuovo l'intreccio tra il sé interno, l'azienda e l'economia esterna.

Sono i numeri a parlare, questo è certo e bisogna fare subito i conti con i numeri, per capire cosa potrebbe succedere a breve. Occorre attivare tutte le strade per neutralizzare azioni esterne, per difendersi, per trovare delle soluzioni.

Paolo non sa e soprattutto nessuno gli ha spiegato che a nulla vale il fatto che il suo nome non compaia come socio (Sonia è giuridicamente un'impresa individuale). Paolo si sente sicuro di sé, perché non è consapevole che egli, in caso di fallimento di Sonia, verrà chiamato a rispondere in solido in quanto si tratta in realtà di una società di fatto, che un curatore, anche alla minima esperienza, rileverà per chiedere un'estensione di fallimento.

Paolo inoltre, anch'egli, crede di essere invincibile. Nessuno, a suo modo di vedere, gli toccherà il patrimonio di famiglia.

Non è consapevole di tutti i problemi che può tramandare ai figli e non si è mai preoccupato di tutelare se stesso, la sua famiglia e chi verrà in futuro dopo di lui.

Valzer Srl

Ovviamente Valzer è un nome di fantasia e in questo caso racconterò in generale di quello che succede quando vado in un'azienda.

L'imprenditore è praticamente lasciato a se stesso. È seguito da illustri professionisti, che però non sanno niente di lui. Non sanno chi sia, non conoscono la sua vera storia personale, cosa sta passando dentro di sé, cosa prova.

Chiamiamo questo imprenditore con un nome di fantasia, Mario, che è il legale rappresentante della società (amministratore unico o presidente del Consiglio di amministrazione).

Sliding doors:

Prima ipotesi. Mario è una persona rigida, non vuole parlare di sé con i suoi professionisti, è un uomo perfetto, di sani principi, una famiglia fantastica. I corsi sulla crescita personale sono delle emerite stupidaggini.

I professionisti servono solo per gli obblighi che la legge ci impone, altrimenti non servirebbero proprio a niente. Anzi i professionisti sono delle sanguisughe, vivono sulle spalle dell'imprenditore e si salvano solo perché la legge dà loro questa opportunità. Le loro tariffe vanno tirate ai massimi livelli, perché un professionista vale l'altro, quindi tanto vale risparmiare.

Seconda ipotesi. Mario è una persona che si mette in gioco in continuazione, cerca di crescere da ogni punto di vista, sia a livello personale, sia culturalmente, per essere in grado di stabilire se quello che dicono gli altri è corretto o meno e soprattutto per avere le capacità di analizzare egli stesso i numeri della sua azienda.

Crede nell'innovazione sotto ogni punto di vista, tecnologica, di processo, di prodotto/servizio. Mario vuole professionisti a cui poter raccontare quello che ha fatto, quello che sta realizzando e quello che ha intenzione di fare.

Non è importantissimo il prezzo, è importante cosa gli trasmette il professionista e cosa riesce a dargli. I professionisti che ha intorno studiano con lui una strategia d'impresa, cercano opportunità, fondi, finanziamenti, finanza agevolata, crediti d'imposta. Non si tratta di evadere, eludere o inventare, sia ben chiaro.

Si tratta di conoscere tutte le opportunità che ci sono, con leggi, circolari e risoluzioni alla mano. Mario però, egli stesso, è aperto a imparare, è una persona onesta e vuole solamente approfittare di tutte le opportunità che il mercato offre.

Mario e i suoi professionisti trasmettono una grande energia positiva, hanno l'obiettivo di fare, lavorare e sacrificarsi per crescere. Mario inoltre ha rapporti personali e professionali molto belli. Sa perfettamente di non essere perfetto.

Sente dire che a volte con il lavoro si sono rovinati i rapporti di coppia o di collaborazione. Ma lui e chi gli sta vicino sanno bene che spesso non è il lavoro in sé, sono le persone ad essere capaci o meno di stare accanto a un imprenditore o un professionista che sia.

Per sviluppare un'attività e tenerla in piedi occorre anche tanta energia e per averne, a sua volta, è necessario avere persone che siano in grado di accettare i tempi diversi e i momenti di difficoltà, e dall'altra che sappiano condividere (senza invidia, ma anzi sostenendole) le occasioni di successo.

Non significa che l'imprenditore/professionista si debba appoggiare al suo partner o ai suoi collaboratori, così come non vuol dire che anche questi ultimi si debbano mettere sulle sue spalle. Significa solo che reciprocamente si deve essere in grado di voler crescere insieme.

RIEPILOGO DEL CAPITOLO 1:

- SEGRETO n. 1: è sempre fondamentale porsi degli obiettivi.

- SEGRETO n. 2: il professionista e l'imprenditore del terzo millennio devono presidiare tante aree con competenza.

- SEGRETO n. 3: divenire un "medico" dell'economia significa ascoltare bene prima di parlare, accettare il diverso e non giudicare.

- SEGRETO n. 4: dobbiamo scardinare un sistema in cui i giovani si rassegnano a non capire o capiscono solo quello che è strettamente necessario a sopravvivere.

- SEGRETO n. 5: la cultura e la conoscenza sono l'unica giusta strada per costruirsi un percorso fatto di buche che possono essere coperte.

- SEGRETO n. 6: sin dall'infanzia occorre insegnare la fiscalità e fornire gli strumenti di "alfabetizzazione economica".

- SEGRETO n. 7: formazione in campo significa crescere in maniera bidirezionale: occorre comprendere l'umanità di chi abbiamo di fronte. Non bastano più i documenti e i numeri per assistere un cliente.

Capitolo 2:
Come sviluppare una mente economica

La conoscenza di sé e del mondo che ci circonda: innanzitutto "Io penso"

La conoscenza di sé è un problema non facile, un corruccio umano che viene dalla notte dei tempi. Specialmente dal Seicento all'Ottocento ha preso le più disparate forme di un ragionare in generale sul raziocinio in particolare.

Re di questo periodo sull'argomento è stato Kant, che tra i suoi bellissimi concetti filosofici ricorre spesso all'"Io penso", ovvero alla coscienza e alla consapevolezza dell'atto conoscitivo.

E nell'atto conoscitivo, a ogni occasione bella o brutta della nostra vita, ci si fa questa domanda: ma perché proprio io? In realtà questa è la prima assoluta, incontrovertibile, irrisolubile, insostenibile domanda che ci si fa (sicuramente) appena ci succede qualcosa che non ci piace. Ci avete mai pensato che è proprio questa la domanda "mondiale"?

Cioè questa è la domanda che ci facciamo in modo particolare quando abbiamo (o sentiamo di avere) un problema importante e i protagonisti della situazione siamo noi. Anzi. Possiamo essere protagonisti diretti oppure possiamo essere il genitore, il figlio o comunque una persona vicinissima al diretto interessato.

E se anche il protagonista diretto non sono io, mi sento ugualmente tale (e pensate quanto siamo egoisti quando la nostra mente è attratta dalla nostra paura o dalla nostra tristezza, piuttosto che da quello che sta provando l'altro).

Perché mi sento il protagonista in qualunque caso? Ma io sono il figlio, la madre, il padre, il genitore, il compagno di vita, una persona speciale per chi veramente sta attraversando una brutta situazione.

E mi sento distrutto dal dolore come se, quasi come se non vedessi la strada per l'uscita e come se una colonna della mia vita si fosse incrinata o addirittura distrutta per sempre.

Se addirittura io sono il protagonista diretto, mi chiedo non solo perché proprio io, ma se resterò vivo o come sarà il mio futuro. E comunque ancora non ho una risposta alla mia domanda: perché è successo proprio a me?

Inizia subito una fase di congetture: se fossi partito prima o dopo, se avessi dormito di più, se avessi controllato lo stato di manutenzione dell'auto, se avessi fatto una visita un po' prima, se fossi andato in treno e se solo mi fossi preoccupato di fare meglio questo o quello.

E se non avessi scritto quel messaggio? Se non avessi pensato? Se non avessi ragionato in un determinato modo? Alla fine di tutto quanto, diciamolo, mi viene anche in mente questo pensiero assurdo: e se non fossi mai nato?

È importante ricordarsi che se siamo su questa terra è perché qualcuno ci ha donato la vita e noi siamo il punto di congiunzione di una rete di anime, tutte importanti allo stesso modo, tutte assolutamente necessarie per la sopravvivenza reciproca di ognuna.

È importante inoltre tenere a mente che "ogni avversità, ogni fallimento e ogni dolore portano con sé il seme di un vantaggio equivalente e superiore" (Napoleon Hill, *Pensa e arricchisci te stesso*).

Tutto questo vuol dire che la vera risposta alla nostra domanda è purtroppo un'altra domanda: se mi è successo questo, qual è la lezione che devo imparare? Sono disposto a lasciarmi sospingere verso nuovi orizzonti diversi dai miei progetti egoistici?

Sono in grado di compiere un "viaggio interiore" per non rimanere nelle mie insicurezze? E, soprattutto, ho il coraggio di mettermi in gioco e cominciare a comprendere il perché intrinseco di ogni evento della mia vita?

Come superare momenti (veramente) difficili. Pensiamo a qualche caso concreto delle nostre difficoltà di vita. Vogliamo parlare un po' di magia? Parliamo dell'amore non corrisposto? Qual è uno dei primi esempi in letteratura dell'amore inespresso? Quello di Nausicaa (figura della mitologia greca che compare nell'*Odissea* di Omero).

Quando Ulisse naufraga sulle coste dell'isola di Scheria incontra Nausicaa e le sue ancelle, che erano andate lì per giocare a palla e per lavare le vesti. Risvegliato dai loro giochi, Ulisse esce fuori da un cespuglio completamente nudo, facendo fuggire impaurite le ragazze.

Bello innanzitutto rileggere la parafrasi di questo racconto: "E (Ulisse) levatosi a sedere pensò tra sé e sé: 'Ahimè, da quali uomini sono arrivato? Sono essi violenti e selvatici e privi di legge, o forse ospitali, e temono in cuore gli dèi?

Ora udì un grido di donna, come fanciulle, di dee che abitano le alte cime delle montagne e le sorgenti dei fiumi e dei prati erbosi. Dunque io sono vicino ad esseri che parlano?'".

Ulisse innanzitutto non sapeva se fosse o meno in mezzo agli umani. Nonostante ciò si presentava nudo (e ricordiamo che nella mitologia greca "nudo" a volte significa proporre nudi se stessi).

Nausicaa è innanzitutto una figura materna per Ulisse, perché lo cura e lo accoglie, ma poi se ne innamora. Al momento dell'addio gli dice questa bellissima frase: "Non dimenticarmi, perché ti ho ridato la vita".

L'insegnamento più bello del concetto "Amore è libertà, l'amore non ha obblighi, non ha resistenze". Eppure, ci aspettiamo sempre qualcosa e se non accade soffriamo. E la domanda: perché proprio a me è successo di non essere ricambiato? Se ci poniamo questa domanda è perché non amiamo ciò che siamo.

L'armonia e l'allineamento col mondo esterno nascono solo con l'amore per te stesso, da cui proviene l'amore per la vita, per quella dimensione che ti consente di sperimentare ogni sensazione, ogni emozione: la gioia e la tristezza forgiano il tuo essere.

Parliamo invece della malattia. Ammalarsi è un'esperienza sconvolgente. La nostra meravigliosa natura ci consente di non impazzire subito.
È la nostra mente che poi fa tutto.

La vera malattia è quello che facciamo scontare alla nostra anima, ciò che appendiamo al nostro cuore.

La malattia, come siamo abituati a intenderla, è la conseguenza diretta di quella interiore. È un malessere interiore che spesso non vuoi vedere o che non puoi vedere con gli strumenti che hai in quel momento.

Si può trattare di un malessere che forse ti accompagnerà fino alla tomba, perché non sei riuscito a tirarlo fuori, a comprenderlo, a guarirlo o forse non era semplicemente la vita giusta per farlo.

Ti si ammala un figlio. Se accetti, ti porta a fare i conti con te stesso. Perché? Ecco che torniamo all'argomento principale. Perché a fare i conti non è direttamente il protagonista? Perché non riesci a reggere la situazione? Scopri allora che sei malato anche tu.

Dici che si tratta dell'insostenibile leggerezza dell'essere genitore, dell'inspiegabile legame eterno tra genitore e figlio, dell'incontenibile concetto di un dare-avere con il figlio, della meravigliosa legge dei vasi comunicanti. Solo questo?

No, c'è di più. Hai un problema con te stesso. Ti si mette davanti un muro perché tu possa reagire e superarlo e guardare indietro tutti i tuoi limiti che non ti consentono di oltrepassarlo (ecco la conoscenza di sé).

Se non lo accetti o se tenti di passare lateralmente, ti si presenterà a breve un muro ancora più alto, che potrebbe anche essere la morte stessa.

La morte? La morte, ricordiamolo, può essere anche mentale. Che forse è anche peggio di quella fisica. L'importanza di se stessi, della conoscenza del sé, della consapevolezza dell'Io penso, del rispetto della propria libertà, emerge ancora una volta ineluttabilmente nelle situazioni più difficili della vita.

Perché proprio io?
Infine la risposta alla domanda "Perché proprio io?". Perché proprio io ancora non so affrontare una situazione di questo tipo. Ergo, devo imparare. Ho capito che si diventa forti o deboli in qualcosa sulla base di quello che si è vissuto (in questa vita o, chissà, in altre vite).

Se ci analizziamo, in fondo comprendiamo che un certo nostro comportamento è dovuto a qualcosa che è dentro di noi. È una reazione, è una strada da cui siamo venuti (per esempio durante l'infanzia) e che forse non ricordiamo o che abbiamo lasciato, senza analizzare cosa ha provocato nella nostra anima o nella nostra mente.

Siamo materni/paterni oppure no, siamo rabbiosi, controlliamo o no le nostre emozioni, crediamo nell'amore, siamo impegnati nella politica o nel sociale, ci "distruggiamo" di lavoro, a seconda di quello che ci hanno immesso dentro.

"I meccanismi di crescita e protezione costituiscono i comportamenti base di cui ogni organismo ha bisogno per sopravvivere [...] può darsi che non vi rendiate conto "però" che anche la crescita è altrettanto indispensabile per la vostra sopravvivenza" (da Bruce Lipton, *La biologia delle credenze. Come il pensiero influenza il Dna e ogni cellula*).

Non permettere mai che gli altri credano a quello che non sei. Essi hanno la libertà (a volte il potere) di dire di te le loro opinioni e di giudicarti. La libertà tua è quella di comprendere se quello che stanno dicendo è vero, e questo avverrà solo alcune volte, perché nella maggior parte dei casi o non sarà vero o lo sarà solo in parte.

Molti ti insegnano che non devi permettere che gli altri ti giudichino. Ma questo non è assolutamente vero. Gli altri hanno la libertà di pensare quello che vogliono. Il vero problema non sono gli altri, il perno si sposta su noi stessi. Solo noi sappiamo la verità su di noi.

E se ci ragioniamo fino in fondo, scopriremo che gli altri spesso, molto spesso, si sbagliano. Se invece hanno dato un giudizio corretto, allora dobbiamo cominciare a pensare perché abbiamo avuto un determinato comportamento. Questo ci servirà per correggerlo.

Non è una sconfitta per nessuno (né per noi, né per chi ce lo fa notare), anzi è salire un gradino della scala della vita. Si tratta del gradino che ci fa crescere, che ci fa guardare verso l'alto (e non verso il basso, nel verso in cui gli altri dicono che siamo).

E se guardiamo verso l'alto, ci lasciamo alle spalle l'errore che abbiamo commesso e subito saliamo un altro gradino, quello che ci permette di impegnarci nel migliorare (se abbiamo sbagliato) o quello che ci consente di continuare la nostra strada (se invece è il caso in cui non abbiamo sbagliato e gli altri si stanno equivocando sul nostro conto).

Lasciare una traccia. Ci sono cose, momenti che non dimenticheremo mai nella vita. Resteranno indelebili dentro di noi, perché la ferita che hanno causato è talmente profonda che ha lasciato una cicatrice altrettanto evidente.

La ferita, se siamo bravi, si asciuga in fretta, non sanguina più e quindi riusciamo a vivere in maniera corretta, senza che quello che è successo possa influenzare il nostro futuro o le nostre future esperienze.

La cicatrice resta però. E a quella non ci possiamo fare niente, se non semplicemente accettare con serenità che c'è, senza ritornare a quello che è stato, a cosa ci hanno fatto (o ci siamo lasciati fare), da cosa è stato provocato, i motivi di una simile successione di eventi ecc.

Se accettiamo, non ci facciamo più tante domande. È accaduto. I
se e i perché possono essere veramente tanti, ma se siamo in
grado di accettare, non ci porremo più tanti interrogativi.

Quella cicatrice, tuttavia, ci capita di sentirla al tatto con la mano
quando accarezziamo il nostro corpo, o di sentirla
emozionalmente con la ragione quando stiamo accarezzando la
nostra anima. E purtroppo ci riporta un po' indietro, e lì appunto
ci rendiamo conto che, in fondo in fondo, noi quei momenti non li
dimenticheremo mai, nel bene o nel male.

E se ci pensiamo fino in fondo ci rendiamo conto che "gli altri
siamo noi" e che, se anche inavvertitamente o non
volontariamente, abbiamo fatto qualcosa a una persona, questa si
ricorderà di noi in quel modo. Potremo forse tentare di cambiare
l'opinione che si è fatta di noi una persona, solo se l'errore che
abbiamo fatto con l'altro non lo ha colpito tanto nel profondo;
così magari potremo fare in modo che la cicatrice sia talmente
piccola, che forse nemmeno la percepirà mai più.

Anche questo è lasciare una traccia, è la traccia che lasci all'altro. Lasciare una traccia non significa solo lasciarla nella storia, ma vuol dire anche comprendere le reazioni, conseguenti alle nostre azioni, di una serie di microsistemi a noi vicini o collegati. Quando vogliamo bene a qualcuno o quando amiamo, a volte, non ci rendiamo conto che forse l'altro si sta approfittando di noi.

Ed è anche giusto non rendersene conto, perché il sentimento è puro, è pulito. Ma più è puro e più il suo comportamento sbagliato ci ferirà. Spostiamo l'attenzione però. Non voglio mettermi dalla parte del ferito, ma dalla parte del ferendo. Quando abbiamo ferito in profondità, ricordiamoci che difficilmente potremo rimediare.

Lasciamo sempre una traccia nell'anima dell'altro, per sempre. La nostra traccia è data dalle azioni che compiamo, dalle parole che pronunciamo, da quello che scriviamo. Le azioni sono pietre miliari permanenti, le parole dette possono accarezzare le anime o ferirle profondamente come una spada, le frasi scritte sono costruzioni indelebili della nostra mente.

Spesso si fanno azioni, si dicono parole, si scrivono messaggi senza alcun rispetto per noi stessi. Che intendo? Azioni: lasciare la scuola, perché? Perché lasciare la scuola? Non sono in grado di studiare.

Questa è la risposta. Studiare è come respirare. Se ci lasciamo senza cultura, vuol dire che non ci amiamo, perché non abbiamo idea di quante possano essere le menzogne che ci possono essere riferite.

Azioni: fare una professione o seguire un'azienda, perché è l'attività di famiglia. Famiglie intere che per questo si trovano a perdere tutto quello che in passato è stato costruito. Figli che non riescono a trovare la loro strada, confusi dalle loro azioni, dalle parole dei genitori e dalle credenze che sono state "scritte" dalla società sulla loro mente.

Cosa vuoi tu dalla vita per te stesso? Questa è un'altra domanda sottostante al "Perché proprio io?". Lasci una traccia (una vena di passione) se comprendi cosa vuoi veramente. Non è importante se hai sbagliato, se hai fallito, è importante cosa vuoi.

Analizza chi sei, comprendi quali sono i tuoi doni (tutti ne abbiamo), se ti fermi ad analizzarti li comprenderai e li sentirai così forti da non poter rinunciare alla tua natura. Ma pensi, forse, che hai già realizzato errori o azioni che oggi non ti permettono più di fare quello che vorresti, anche se finalmente l'hai compreso. Non è così.

Nel rispetto delle cose e delle persone che hai intorno in quel preciso momento, cambia direzione, quanto meno cambiala nel modo migliore possibile, inizia a inseguire te stesso. Solo così comprenderai "perché proprio io".

Osserva: non siamo disposti ad accettare nulla, quando la condizione per noi non è favorevole e quando un minimo sbaglio da parte dell'altro costituisce per noi il veicolo giusto per attaccare e andarcene da quella situazione che in fondo non ci piace.

Diventa quasi inspiegabile (ma solo in apparenza) perché accettiamo situazioni, comportamenti assurdi che mai avremmo accettato se non avessimo voluto assolutamente attaccarci a quell'ambiente o a quella determinata persona.

RIEPILOGO DEL CAPITOLO 2:

- SEGRETO n. 1: "Io penso", per cui ho coscienza e consapevolezza dell'importanza dell'atto conoscitivo e delle esperienze di vita.

- SEGRETO n. 2: perché proprio io? Perché io devo imparare qualcosa da quello che mi succede.

- SEGRETO n. 3: ricorda che è importante lasciare una traccia, inseguendo te stesso e le tue passioni, nel rispetto di te e dell'altro.

Capitolo 3
Il vero significato della parola Fiscologia

Come rendere semplice una parola "ostica": fiscalità

Un antico proverbio cinese diceva "Quando pianificate per un anno piantate cereali. Quando pianificate per dieci anni, piantate alberi. Quando fate una pianificazione che deve durare una vita, formate ed educate le persone".

Questo detto dovrebbe sempre accompagnare il concetto di "fiscalità", quella scienza sociale studiata e compresa da pochi e dalla maggioranza ignorata perché ritenuta troppo tecnica, complessa e complicata.

Come tutte le cose "diverse" ci si approccia a essa in maniera scettica e diffidente malgrado questa regoli quotidianamente la vita di tutti gli uomini e della collettività, senza deroghe né eccezioni.

Non sorprende quindi che gli insegnamenti che tale disciplina ha da offrire vengano posticipati all'università e vengano così destinati ai soli interessati: l'educazione fiscale è riservata a chi, appositamente, ne faccia richiesta, sebbene questa nasca da ideali come la solidarietà e l'uguaglianza tra gli uomini, e tenda a realizzare obiettivi sociali impregnati di una pazzesca carica emozionale a cui, anche il più giovane, con i dovuti accorgimenti, dovrebbe essere avvicinato.

La particolare riservatezza ha reso la materia prima spiacevole e poi antipatica, quasi un nemico da cui rifuggire. Perché generalmente quando si parla di "fiscalità" si pensa alla parola "tasse", un concetto troppo poco entusiasmante per i ragazzi, senza alcun profilo "social" e contemporaneo.

Allora pensiamo la fiscalità come un gruppo su WhatsApp. C'è l'amministratore del gruppo: quel tipo simpatico, un po' arrogante e tanto sicuro di sé. Decide il nome del gruppo, qualcosa di ironico e accattivante. Sceglie la foto del gruppo: creativa e alla moda.

Determina anche i membri del gruppo: vengono aggiunti gli amici e i conoscenti che reputa abbastanza "fighi" da poter partecipare a quella che sembra essere una chat fantastica.

Ci sono quelli che spalleggiano l'amministratore in tutte le sue iniziative: prendono parte all'organizzazione, danno consigli, e possono anche contrariare quello che sembra essere il leader, il capogruppo.

E poi ci sono quelli del "No. Io no" e alla fine si aggregano. Quelli del "Decidete voi, a me non importa". Ci sono quelli del "Stasera proprio non ho voglia ma devo andare". Ci sono quelli del "Stasera devo stare con i miei".

Ci sono quelli del "Sei stato aggiunto al gruppo", con più della metà dei membri che non sono tra i suoi contatti, senza possibilità di conoscere ciò che è stato scritto sinora.

E infine ci sono gli esclusi, quelli che nessuno conosce e invita. Quelli del "Se avessi saputo che", "Se avessi conosciuto", "Se avessi frequentato" e del "Se non mi fossi ridotto a…". Insomma, non manca proprio nessuno.

Cosa direte allora, quando oramai maggiorenni, vi renderete conto che gli esclusi a quella chat siete stati proprio voi? Cosa direte quando scoprirete che a quella chat voi dovevate partecipare non conoscendo niente e nessuno? Abbandonerete il gruppo?

Oppure vi limiterete a leggere le conversazioni tra i vari membri non esponendovi o peggio ancora tacendo? Prima o poi, tutti farete i conti con la fiscalità, perché la fiscalità è vita quotidiana, ed è bene che voi a quella chat arriviate con una vostra voce e un vostro volto, perché vi renderete conto che quella chat, proprio quella chat, avrebbe potuto insegnarvi qualcosa di tanto utile quanto costruttivo.

Fiscologia: cos'è questa strana parola?
Pensate. La parola Fiscologia è stata pensata dall'autrice di questo libro. Un termine di fantasia, che un giorno, chissà, entrerà nei nostri dizionari.

Fiscus + Logos. Il primo termine proviene dal latino e significa

75

"cesto", "cassa". Stava a indicare la cassa delle entrate dell'imperatore, il suo patrimonio privato, simboleggiava in altri termini il tesoro privato dell'imperatore romano, che aveva però anche l'esigenza di amministrare le entrate provenienti dalle province imperiali.

Il Fiscus venne istituito dall'imperatore Augusto e rappresentava un concetto diverso dall'"aerarium" (= riserva di moneta), che era invece la cassa principale e pubblica.

Con quest'ultima cassa l'imperatore gestiva la politica economica dell'Impero e distribuiva in modo equo le risorse tra le popolazioni sottomesse, così che il governo di Roma potesse essere considerato da esse una benedizione e non una condanna.

Successivamente, la distinzione tra fiscus e aerarium venne abbandonata e tutte le entrate confluirono nel fiscus. Oggi il concetto di fisco si confonde con quello di Stato.

In realtà invece il fisco è solo una parte dello Stato (e della nostra vita sociale), perché costituisce solamente il complesso dei rapporti patrimoniali di diritto pubblico dello Stato.

Quando faccio lezione ai ragazzi, leggo loro la definizione di Fisco nel dizionario Treccani: "Lo Stato nella sua attività finanziaria e in particolare nei suoi rapporti con i contribuenti". Domando: "Avete capito? Leggendo questa definizione avete capito di cosa si tratta? Ma i contribuenti chi sono?".

I ragazzi restano ammutoliti, anche se fantasticamente con gli occhi incuriositi dal mio modo di fare, di chiedere. Vedere questi visi così persi è per me da una parte sconcertante e preoccupante, perché ancora una volta, dopo anni di insegnamento, mi rendo conto che nulla è migliorato, anzi forse è peggiorato.

Dall'altra, però, quella che provo è una sensazione di grande protezione materna, come se li volessi avere tutti davanti a me per spiegare (con quella che è la mia umile esperienza) come funzionano i meccanismi basilari dell'economia, della finanza e della fiscalità.

Non importa spiegare loro i grandi centri di potere, gli alti cieli in cui cammina l'attività finanziaria. L'importante è che capiscano intanto le basi. Per salire una scala si parte dal primo gradino.

Ritorniamo alla parola "contribuente". Sembra essere facile, ma non la sanno spiegare. Contribuente è colui che contribuisce, ma intanto non sappiamo chi è questo personaggio e a cosa contribuisce e perché lo fa e se lo deve fare obbligatoriamente.

Allora, dico io, andiamo a leggere la definizione di contribuente su internet: "Chi paga tributi di qualsiasi genere e in particolare chi paga imposte e contributi prelevati coattivamente dagli enti pubblici in corrispettivo di servizi a domanda non individualizzabili".

Si distingue fra contribuente di diritto e contribuente di fatto, cioè fra chi è tenuto a pagare il tributo al fisco e chi, in conseguenza di un'eventuale traslazione, ne sopporta l'onere" (da Treccani, *La cultura italiana*, pagina web). Direi che andiamo ancora più in crisi.

Guardiamo il vocabolario, forse capiamo meglio. Guardiamo un

Dizionario di Economia e finanza. Definisce il contribuente un "soggetto tenuto a pagare imposte e tasse in virtù di un dovere costituzionale". L'art. 53, 1° comma, della nostra Costituzione prevede che tutti siano tenuti a concorrere alle spese pubbliche.

Logos significa scegliere, raccontare, enumerare, parlare, pensare. Antenate delle odierne tasse, il dibattito si è sempre riversato sulla quantificazione delle stesse e sulla giustizia del prelievo fiscale, piuttosto che sulla causa della loro istituzione e sui fini perseguiti.

La fiscalità nasce da uno scambio reciproco tra lo Stato e il popolo italiano. Il primo riserva diritti e risorse al secondo. Il popolo, dal canto suo, ha il dovere sia di remunerare quanto ottenuto dallo Stato, sia di gestire il patrimonio collettivo che significa realizzare gli interessi sociali e pubblici meritevoli di tutela.

L'Italia è dei cittadini italiani. In Italia abbiamo la nostra casa, coltiviamo le nostre relazioni affettive, lavoriamo. Con l'Italia ci identifichiamo, rivendichiamo diritti e dell'Italia stessa noi godiamo.

Godiamo di tutte le sue risorse, della terra, del mare, del suolo, delle opere pubbliche e di quelle artistiche. Come ogni altro bene posseduto, si ha il dovere morale ed etico di conservarla, preservarla nello stato in cui questa viene consegnata e infine migliorarla, cosicché da poter lasciare qualcosa di buono e di bello.

E per svolgere tutto questo, ognuno deve provvedere al sostentamento del Paese, sostenendo costi e facendo sacrifici. È da questo scambio, dalla reciprocità tra diritti e doveri che nasce la fiscalità, e chi rimane indifferente a tutto ciò non farà altro che limitare la propria sfera d'azione, limitare la sua partecipazione e quindi la sua libertà.

Esistono filosofi, economisti, politici e scrittori che hanno parlato di fiscalità, teorizzato circa il finanziamento della spesa pubblica. C'è anche chi, raccontando dell'utilità sociale, del bene comune e del welfare ha vinto qualche premio Nobel. Ma c'è qualcuno, molto prima di me, che ha raccontato della fiscalità nella stessa maniera in cui vorrei raccontarla io.

A loro è servita una manciata di parole per spiegare come l'essere umano debba tornare a comportarsi come un soggetto attivo dell'universo, recuperando il senso intrinseco di connessione con il mondo e, in primis, con la società.

Perché è nella società che l'uomo diventa tale: in essa riversa le sue conoscenze, manifesta le sue capacità e da essa trae insegnamenti.

Loro sono i settantacinque membri che hanno creato la nostra Costituzione. Nella parte relativa a "Diritti e Doveri dei cittadini", l'art. 53 recita infatti: "Tutti sono tenuti a concorrere alle spese pubbliche in ragione della loro capacità contributiva".

Tutti sono eguali di fronte al fisco perché tutti sono uguali di fronte alla legge, senza distinzione di sesso, razza, lingua, religione, opinioni pubbliche, condizioni personali e sociali. Tale uguaglianza non esonera quindi nessuno dai propri doveri, tra cui la partecipazione alle spese pubbliche.

Che è anche un dovere morale che richiede solidarietà, ovvero un impegno etico-sociale a favore di altri, anche dei più svantaggiati. Dirompente è la forza con cui i principi fondamentali di eguaglianza e solidarietà governano la pretesa erariale e, seppur rilevanti, necessitano di un obbligo di legge: l'art. 53 infatti afferma "sono tenuti a concorrere", presupponendo la coattività del prelievo fiscale.

Non si può però declinare la fiscalità a un concetto meramente coercitivo: quello che nasce come dovere morale viene anche tutelato dal nostro ordinamento, divenendo un dovere civico e giuridico, che se non rispettato può far sorgere sanzioni e ripercussioni.

Tale dovere è talmente importante all'interno del sistema economico e sociale, che il concorso alle spese pubbliche diviene norma giuridica e si fa legge.

Per preservare il carattere egualitario, lo Stato non richiede il concorso alle spese pubbliche in maniera arbitraria e casuale: si concorre alle spese pubbliche solamente rispetto alla propria capacità contributiva, ovvero nei limiti della ricchezza prodotta e detenuta.

Si paga solamente rispetto a ciò che si ha e che si è in grado di produrre: si riconosce alla persona quindi la possibilità di autodeterminazione anche nel concorso alle spese statali affinché mai venga violato il concetto di libertà.

Tutto questo per finanziare l'istruzione e la sanità pubblica, le pensioni, il governo e i partiti simbolo della libertà di pensiero e di voto; nonché i bisogni delle persone svantaggiate.

Siamo cittadini italiani, con tanti diritti e altrettanti doveri a cui adempiere ed è necessario essere adeguatamente informati affinché si possa consapevolmente e coscientemente partecipare alla vita pubblica e quindi concorrere a finanziare le spese dello Stato. E per farlo è necessario praticare la fiscologia.

Fiscologia è innanzitutto educazione fiscale. Educare le persone alla curiosità. Educare le persone a saper imparare, perché è solamente tramite la conoscenza, quella che già si ha e quella che si avrà, che è possibile sfidare il mondo e le sue congetture, modificarlo e concrearlo.

Insegnare alle persone a porsi le domande e a porsi le domande giuste. Insegnare alle persone, nelle parole di Steve Jobs, ad essere affamate e folli affinché la sete di conoscenza le porti a oltrepassare i limiti imposti dalla natura, dall'Universo e dall'umana razionalità a volte sin troppo limitata.

Insegnare loro a sfidare l'ignoto con coraggio, spavalderia, pazienza, determinazione e tanta costanza. Perché solamente le persone così pazze da cambiare il mondo sono quelle che lo cambiano davvero.

Sperimentare e accogliere ciò che non sappiamo, rimodularlo, disfarlo e giocare con esso per creare ordine laddove, prima, regnava il caos. È fondamentale abbandonare l'idea che "non è necessario" comprendere la fiscalità perché non si è abbastanza maturi o non si possiedono abbastanza conoscenze.

La fiscalità è facile, immediata e pratica. Non si ha bisogno di teorie o di una forte immaginazione per comprendere cos'è: non serve null'altro che recarti in un bar per comprare la colazione, o ricevere una fattura dopo l'acquisto su Amazon.

La fiscologia è esperienza: quella particolare conoscenza acquisita mediante osservazioni e dimostrazioni. Vuole essere un modo nuovo e alternativo di raccontare ciò che può essere ragionevolmente raccontato sul tesoro dello Stato, offrendo una mappa concettuale utile a spiegare il funzionamento di particolari operazioni che regolano la vita di ognuno di noi.

La fiscologia è quel libro che se solo avessi letto tempo fa, mi avrebbe permesso di avvicinarmi alla professione molto tempo prima di quanto feci perché troppo impaurita dalla materia, troppo timorosa per tante cose che avrei dovuto sapere ma che ancora ignoravo.

La fiscologia poteva essere l'aggancio giusto per entrare in quella famosa chat senza remore né riserve. È strategia di vita, una strategia che mi accompagna in toto in quello che mi piace fare. E se mi piace farlo, farò errori, li ripeterò, ma la mia cultura e la mia passione mi condurranno dove voglio arrivare.

La fiscologia è strategia d'azienda, perché oggi un'azienda si deve basare su un concetto globale di etica fiscale intrecciato a tutto quello che può farle bene: il marketing, le opportunità finanziarie, la finanza agevolata, la crescita personale e professionale dell'imprenditore e dei suoi collaboratori.

Un'azienda è come una persona. Deve imparare a districarsi in mezzo a numerosi problemi quotidiani: la crescita dipende da quanto tempo dedica a valutare le proprie azioni (cercando di comportarsi correttamente e di formarsi), alle parole che esprime attraverso il marketing, a quello che scrive attraverso i suoi prodotti o i suoi servizi.

La fiscologia sarebbe potuta essere un'opzione in più alla fatidica domanda: "Cosa vuoi fare da grande?".

Come non essere schiavi di altre persone: l'etica fiscale
La mia auto è piena di riviste specializzate sulle imposte, sulle novità fiscali, sull'Iva. A volte chi sale in macchina con me afferma: "Oh Dio, che ansia!". Chiedo il perché e tutti mi rispondono che hanno ansia a vedere intorno a sé qualcosa che

ricorda loro il fisco.

La questione fiscale è quindi vissuta dal soggetto assolutamente come un'imposizione; non passano nella mente delle persone nemmeno lontanamente gli aspetti di equità e redistribuzione. Per non parlare dell'assoluta lontananza dal concetto di "eticità dell'imposta".

Gli adulti crescono i bambini e se questo tema non siamo veloci a trattarlo tra i ragazzi in particolar modo (oltreché ovviamente tra i contribuenti), ci ritroveremo ancora un sistema che non ha assolutamente idea non solo del funzionamento del sistema economico-fiscale, ma, ancor più grave, delle fondamenta che stanno alla base di questo sistema.

Il presente capitolo, come gli altri di questo libro, non ha l'ambizione di trattare in maniera esauriente la questione dell'etica fiscale. Il tema è molto più ampio di quello che si potrebbe pensare, se ne parla pochissimo e, quando viene trattato, viene considerato di secondaria importanza.

Oltre che nelle scuole, anche tra i professionisti del settore è un argomento praticamente snobbato in quanto lo si considera al pari della poesia in italiano, si sa a memoria, è un concetto meraviglioso, ma è pura teoria.

Quando si parla di etica fiscale, si parla per lo più di cosa sia giusto tassare e di quale sia il modo del comportamento "vorace" di uno Stato. Si parla quindi se sia più opportuno tassare prima i consumi o il reddito e quali tipi di reddito aggredire maggiormente.

Se leggiamo gli scritti di etica fiscale, la bussola viene orientata al fatto che un sistema tributario deve essere giusto e quindi il fisco deve essere equo. In altri termini, l'ago della bilancia è spostato sul funzionamento della pubblica amministrazione e sui servizi o le opere da realizzare, la cui offerta è legata ai versamenti, ossia l'ammontare delle spese che potranno essere sostenute con le risorse acquisite.

Ma non è questo l'argomento che voglio toccare in questo capitolo, non è intenzione della scrivente descrivere le teorie dello

Stato, la loro relazione con la funzione tributaria, la concezione di tributo e del rapporto di imposta ovvero ancora sulla funzione fiscale ed extrafiscale dei tributi.

Quello che qui interessa è invece il rispetto di certi comportamenti, di condotte etiche tra coloro che fanno parte della stessa "comunità". Quello che qui si ritiene importante è trattare l'etica fiscale come un concetto che deve far parte della nostra educazione di base come bene comune.

Cresciamo tutti con certi concetti che consideriamo assolutamente dati per scontati. Alcuni di questi "concetti" sono vitali, come mangiare sano, lavarsi, pulire i nostri ambienti. Altri sono inculcati in noi dal sistema in cui viviamo, come stare sulla strada in un certo modo e rispettando determinate regole, non rovinare monumenti e muri, raccogliere i rifiuti e tantissimi altri.

Ogni aspetto è sicuramente da migliorare in noi, nessuno meno importante di altri. Anzi il filo portante di questo libro è proprio l'importanza di crescere da tutti i punti di vista.

Però c'è un aspetto in particolare che a me interessa approfondire e che è stato lasciato veramente sempre all'angolo, senza considerarne la vera importanza per il bene di tutti: perché devo versare proprio io le imposte? Perché tocca proprio a me? E perché è giusto che io lo faccia?

Va creata, in altre parole, una nuova coscienza fiscale, ma non passando attraverso il terrore dei controlli, bensì perché insita nel nostro vivere quotidiano. L'aspetto del contenzioso civile e penale deve essere subordinato, deve essere a latere di coscienze individuali che danno per corretta e giusta l'imposizione fiscale.

Certi comportamenti devono essere connaturati in noi, come lo sono già altri. Se non si commette un omicidio non è solo per la paura di un processo penale, ma perché dentro di noi (almeno all'interno di una sfera individuale di normale convivenza) è già insito che non va commesso, che non è giusto limitare la libertà degli altri.

Allo stesso modo, escludendo frange deviate di comportamenti (che non è l'oggetto del discorso), l'imposizione fiscale va vista come un atteggiamento normale e necessario in un Paese che possa dirsi civile.

Se parlassimo in maniera tecnica, si dovrebbe dire che l'imposizione fiscale serve a correggere le distorsioni del mercato a tutela dei diritti sociali. Ma andiamo più alla pratica. Quanti di noi sono attenti nel chiedere sempre lo scontrino, la ricevuta o la fattura? Quanti di noi sono in grado di riconoscere se il documento che stanno ricevendo in mano è veramente un documento fiscale?

Quanti di noi pensano che dobbiamo essere noi stessi a "verificare" reciprocamente il corretto funzionamento della ruota fiscale? Se tornassimo ai concetti del primo capitolo e ci mettessimo nei panni del contribuente, egli si chiederebbe: ma perché proprio io devo versare? Perché proprio io dovrei pagare le imposte?

Nel nostro Paese, a differenza di altri, sembra camminare in sottofondo il pensiero (che però nessuno osa dire chiaramente) se riesci a farla franca e a non pagare le imposte, allora sei stato veramente bravo.

Il concetto di base è che se trovi l'escamotage giusto, la "copertura" legislativa adeguata a eludere il versamento di imposte e tasse, allora sei stato un mago del fisco. Addirittura ci sono professionisti che vendono la loro prestazione per aiutarti a eludere, che prendono compensi illudendo le persone che le imposte possono essere evitate e convincendole che il loro commercialista è proprio un idiota, lui certe scappatoie nemmeno le conosce.

Ci si inventa veramente di tutto e il bello è che la gente paga lauti compensi per ascoltare come poter evadere o eludere al meglio, così da ritrovarsi invischiati poi, in un immediato futuro, in un controllo più grande di quanto abbiano potuto effettivamente guadagnare.

Se le persone cercano questo, mi si potrebbe obiettare, è perché l'imposizione fiscale è così alta da non essere sostenibile nel nostro Paese. Ciò è vero, ma il mio obiettivo non è parlare di questo argomento, che pure è giusto, perché si trova veramente scritto di tutto su questo.

Giriamo la frittata. Io voglio vedere l'altra parte della medaglia. Se ci preoccupassimo di controllare che tutti, proprio tutti, paghino le imposte, allora sì che l'imposizione fiscale diminuirebbe.

Ciò vuol dire che ci dovremmo rifiutare categoricamente di acquistare da chi non è in regola e che dobbiamo assolutamente denunciare comportamenti illeciti, come quelli di chi ci propone uno sconto a condizione che non emetta un documento fiscale.

All'inizio sarà difficile e lo stato attuale della nostra economia rende questo passaggio ancora più complicato. Ma se tutti, veramente tutti, avremo questo atteggiamento, allora in un breve lasso di tempo non avremo più tante disparità sociali.

Quello che sto dicendo, in altri termini, è che la differenza delle classi (da un punto di vista di disponibilità finanziaria) è consentita dalla massa stessa delle persone. In molti potranno dire di non poter fare diversamente, perché il risparmio di qualche decina di euro consente a qualche famiglia di arrivare, come si suol dire, a fine mese.

Ma finché consentiremo comportamenti illeciti, non cambieremo mai niente e alcune classi saranno sempre più penalizzate dal punto di vista finanziario.

Sappiamo che l'Iva colpisce il consumatore finale. Un aumento dell'Iva si potrebbe evitare, così come si potrebbe iniziare a ridurre il carico fiscale, se tutti contribuissimo a far rispettare dei sani principi di gestione fiscale. Ma da dove si parte a insegnare questi principi?

È ovvio che deve assolutamente partire dal basso sotto ogni punto di vista. Deve partire dal basso nel senso che deve raggiungere le menti delle classi meno abbienti, che sono anche le più numerose, ma che in quanto tali possono veramente fare la differenza.

Deve partire dal basso nel senso che i principi di sana correttezza fiscale devono, necessariamente e il più velocemente possibile, essere introdotti nei programmi scolastici, così che i bambini crescano con una mente completamente diversa e soprattutto non deviata dal comportamento sbagliato di una società che ormai non ci crede più.

È importante insegnare loro l'andare di pari passo del diritto di tutti a un'esistenza dignitosa e del dovere di contrastare comportamenti illeciti. L'uno non esclude l'altro, anzi devono per forza convivere.

Ed è bello, giusto, corretto che questi principi li insegniamo per il bene degli altri, ma ancor più giusto è insegnare che lo facciamo per il bene di noi stessi. Perché?

Perché proprio io un giorno forse avrò bisogno di usufruire, di consumare, determinati servizi pubblici, tutti, ma in particolar modo potrei avere necessità di quelli necessari alla salute e quindi alla vita.

I servizi pubblici sono importanti tutti allo stesso modo, come vedremo nel prossimo capitolo, ma ancor di più lo sono quelli che, in mancanza, sarebbe questione di vita o di morte, quelli che se mancassero potrebbero ledere per sempre la mia vita.

State pensando solo alla medicina? No, non è propriamente così. Pensate se non ci fosse la giustizia, quei tribunali che tanto fanno paura? Se non ci fossero ci sarebbero irragionevoli libertà individuali e/o di piccoli gruppi a sfavore quindi di tutta un'intera collettività.

Potrei scrivere pagine e descrivere quali servizi sono necessari alla nostra vita, ma ora non serve, basti considerare che questi servizi sono, per ognuno di noi, fondamentali e vitali, non è importante chi ne usufruisce, ma è essenziale che ci siano perché ricordiamoci sempre che "gli altri siamo noi" e che un giorno noi o i nostri figli o i nostri cari potremmo averne bisogno.

Camminiamo dunque tutti nella stessa direzione, immettendo nelle menti degli individui questi principi di correttezza fiscale, senza perdere tempo nell'andare a giudicare la correttezza o meno dei comportamenti politici, etici, giuridici di chi ci governa.

Coloro che ci governano sono umani che cercano di fare del loro meglio e sbagliano a volte per una serie infinita di motivi. Come tutti noi, cercano di fare quello che possono combattendo con loro stessi e con un mondo esterno complicato. Nessuno è perfetto. Il corretto comportamento deve partire da ognuno di noi.

Questa sarebbe veramente la "rivoluzione italiana" del secolo. Non servono armi, bastano la coscienza e la conoscenza, che, ribadisco, sono le uniche caratteristiche che ci rendono veramente liberi.

RIEPILOGO DEL CAPITOLO 3:

- SEGRETO n. 1: ci si approccia erratamente alla fiscalità in maniera scettica e diffidente sebbene regoli quotidianamente la nostra vita.

- SEGRETO n. 2: Fiscologia è educazione fiscale, esperienza, strategia di vita, strategia d'azienda.

- SEGRETO n. 3: va creata una nuova coscienza fiscale per il bene di noi stessi, perché potremmo essere proprio noi un giorno ad aver bisogno di essere aiutati.

- SEGRETO n. 4: se facciamo in modo che camminiamo nella stessa direzione, riusciremo a non essere schiavi degli altri, a rendere liberi noi stessi.

- SEGRETO n. 5: il nostro sistema economico e finanziario migliorerà solo se tutti controlliamo tutti, per il bene nostro e dei nostri figli.

Capitolo 4
Come apprendere l'educazione fiscale di base

L'educazione fiscale, come qualsiasi altra disciplina, richiede pratica e allenamento per poter diventare uso e abitudine nella vita quotidiana di ognuno.

Le tasse vanno innanzitutto comprese e studiate: è fondamentale capire la ragione alla base della loro istituzione e il fine ultimo al quale queste tendono.

Una volta apprese, la vera bellezza della fiscalità risiede nella loro lecita combinazione affinché si possa ottenere un risparmio di imposta, ma anche una determinata cognizione del mondo che ci circonda e come questo funziona.

Tanti sono i concetti alla base del diritto tributario: con alcuni di essi forse qualcuno non entrerà mai in contatto, altri invece sono sotto i nostri occhi tutti i giorni. Sono questi i concetti fondamentali su cui verrà indirizzata la nostra attenzione, e perché no, quei concetti che ci permetteranno di vedere il mondo e la società con occhi diversi.

E magari quella diversità aiuterà anche a cambiare il futuro. Anzi è proprio quello che mi auguro.

Quali sono i presupposti delle entrate statali?
Tasse, imposte e contributi sono l'espressione delle entrate statali, la più classica manifestazione del pubblico potere. Generalmente sono pensate dalla gente comune come sinonimi le une delle altre, mentre hanno ognuna caratteristiche proprie ma accomunate da un comun denominatore: la coattività del prelievo.

Il termine "coattivo" sa veramente di "dittatura", ma scopriremo che proprio così non è. Dipende sempre da quale prospettiva si vedono le cose.

La tassa altro non è che il corrispettivo pagato dal contribuente per aver ricevuto un servizio offerto dallo Stato, come ad esempio la Tassa sui rifiuti (Tari).

I contributi sono invece richiesti dall'ente impositore per il fatto che il contribuente ha tratto un vantaggio diretto o indiretto da alcuni servizi pubblici, anche quando non ne abbia fatto esplicita richiesta.

E infine ci sono le imposte, che sorgono dal principio di solidarietà e vengono commisurate alla dimensione economica del presupposto.

Cinque sono gli elementi costituenti l'imposta: il soggetto attivo (lo Stato o gli enti pubblici), il soggetto passivo (colui che è tenuto al pagamento dei tributi), l'oggetto (la ricchezza sulla quale è calcolata l'imposta), la fonte (la ricchezza del contribuente utilizzata per assolvere all'obbligo erariale) e l'aliquota (la percentuale applicata all'oggetto che determina il quantum da liquidare allo Stato).

Tasse, imposte e contributi concorrono a formare il gettito fiscale, al quale sono tenuti tutti i soggetti passivi in ragione della loro particolare qualità di concorrere alle spese pubbliche e che si pensa, erroneamente, venga erogato solo allo Stato, per intenderci "a Roma".

Contrariamente alla comune credenza, i tributi, pur rispondendo a un interesse sociale, sono anche di competenza locale o regionale affinché Comuni e Regioni possano avere autonome fonti di entrata e poter così finanziare impieghi e costi di propria spettanza.

Il sistema della fiscalità comunale poggia su quattro principali imposte: l'Imu, la Tasi, la Tari e l'addizionale comunale all'Irpef.

Alle Province (che oggi in teoria sono istituzionalmente assorbite dalle Regioni, ma tutti sappiamo che è solo una teoria scritta su carta) sono invece destinati i tributi relativi al trasporto su gomma (Rca), il contributo ambientale, il canone occupazione di spazi e aree pubbliche, la tassa per l'ammissione ai concorsi, i diritti di segreteria e altri.

Le Regioni sono invece destinatarie dell'Irap (Imposta regionale sulle attività produttive), dell'addizionale regionale all'Irpef, della tassa automobilistica regionale, dell'addizionale regionale all'accisa sul gas naturale, del Tributo speciale per il deposito in discarica dei rifiuti solidi, della tassa regionale per il diritto allo studio universitario e della compartecipazione regionale all'Iva, versata dai consumatori finali nel proprio territorio.

Infine, l'Ires è di competenza statale così come l'Irpef. Parimenti, lo Stato riscuote anche l'Iva, sebbene questa sia di competenza dell'Unione europea. Andiamo a fare maggiore chiarezza.

Chi colpisce l'imposta sui redditi delle persone fisiche?
Se la sua pronuncia potrebbe sembrare antipatica, vi assicuro che dopo aver fatto la dichiarazione dei redditi, i contribuenti la amano ancor meno.

L'Irpef, l'imposta sui redditi delle persone fisiche, è un'imposta personale, progressiva, diretta e generale. È personale perché colpisce ogni singolo contribuente sulla totalità (e per questo generale) dei redditi conseguiti e detenuti.

È diretta, colpisce direttamente la ricchezza di ogni singolo soggetto ed è anche progressiva perché aumenta con il crescere del reddito imponibile e si calcola applicando aliquote diverse a seconda dello scaglione in cui si colloca lo stesso reddito.

Quali sono, allora, i redditi tassabili? Tutti quelli che il legislatore ha espressamente indicato nel Testo unico delle imposte sui redditi, noto più come Tuir, e che ha raggruppato in sei semplici categorie. Ci sono i redditi da lavoro autonomo e i redditi da lavoro dipendente.

I redditi da capitale, che semplicisticamente potremmo intenderli come ciò che guadagno se investo in borsa o in qualche società, ossia l'utile derivante dall'investimento dei risparmi. Tecnicamente, potremmo invece definirli come i redditi derivanti dalle rendite finanziarie e dai dividendi da partecipazione in società.

Ci sono poi i redditi di impresa, derivanti dall'esercizio di imprese commerciali e non, i redditi da fabbricati, costituiti dal reddito conseguito dagli immobili detenuti e infine i redditi diversi.

Sulla somma della ricchezza posseduta e prodotta, detratti gli eventuali oneri deducibili e detraibili, dei quali si dirà in seguito, verranno applicate aliquote differenti a seconda di quanto ho realizzato.

Difatti, nel più ampio e rigoroso rispetto dell'articolo 53, la legge prevede che chi più ha, più concorre alle spese pubbliche. Pertanto differenti aliquote colpiranno differenti ricchezze e più precisamente:

- 23% su un reddito fino a 15.000 euro;

- 27% applicata alla parte di reddito compresa tra 15.000 e 28.000 euro;

- 38% applicata alla parte di reddito compresa tra 28.000 e 55.000 euro;

- 41% applicata alla parte di reddito compresa tra 55.000 e 75.000 euro;

- 43% applicata alla parte di reddito superiore a 75.000 euro.

Il legislatore riconosce però la possibilità di ridurre sia la base imponibile ai fini Irpef sia l'imposta complessivamente dovuta all'erario. Nel contesto così delineato si inseriscono i cosiddetti oneri deducibili e detraibili.

Sono oneri deducibili tutte le spese sostenute dal contribuente che possono essere portate in diminuzione dal reddito prodotto e dalla ricchezza ottenuta sulla quale poi calcolare l'apposita aliquota di imposta.

Tra gli oneri deducibili, obbligatoriamente documentati e pertanto attestati da fattura o scontrino fiscale "parlante" (descrizione dei prodotti o servizi acquistati e codice fiscale del soggetto passivo di imposta) si distinguono gli oneri dei contributi previdenziali e assistenziali, gli oneri dei contributi per i fondi integrativi del servizio sanitario nazionale.

Gli oneri dei contributi per forme pensionistiche complementari e individuali, gli assegni periodici per il mantenimento del coniuge separato o divorziato, erogazioni liberali a favore di istituzioni religiose e non governative, erogazioni liberali a favore di università, enti di ricerca ed enti parco, rendite, vitalizi, assegni alimentari e altri oneri, gli oneri dei contributi previdenziali versati per gli addetti ai servizi domestici e infine le spese mediche generiche, quali medicinali, prestazioni rese da un medico generico ecc. nonché le spese di assistenza specifica sostenute dai disabili.

REDDITO LAVORO DIPENDENTE	+
REDDITO DI IMPRESA	+
REDDITI DA FABBRICATI	+
REDDITI DA CAPITALE	+
REDDITI DIVERSI	+
= ***REDDITO COMPLESSIVO***	–
ONERI DEDUCIBILI	=
REDDITO IMPONIBILE	x
ALIQUOTA IRPEF	=

IRPEF DOVUTA

Dall'Irpef dovuta il soggetto passivo di imposta ha la possibilità di sottrarre, sempreché siano documentati o fatturati, tutti gli oneri detraibili, che vanno quindi in diretta diminuzione della somma da versare all'erario.

Tra gli oneri detraibili si ricordano le spese sanitarie, le spese per l'istruzione secondaria e universitaria, gli interessi su mutui, premi assicurativi, bonus ristrutturazione e mobili, ecobonus, bonus verde e molti altri, tutti nei limiti previsti dalla legge.

La decurtazione di tali oneri permette di conoscere l'imposta effettivamente da versare allo Stato da parte di ogni singolo contribuente.

$$IRPEF\ DOVUTA\quad +$$
$$SPESE\ DETRAIBILI\quad =$$
$$IRPEF\ DA\ VERSARE$$

L'imposta sui redditi delle persone fisiche, la più importante tra tutte le entrate statali, finanzia il cosiddetto welfare statale (insieme dei bisogni sociali), che quindi migliora al crescere del gettito fiscale.

Quando ognuno, correttamente, versa quanto di sua spettanza, migliora la qualità di vita, di tutti e di se stesso, perché permette allo Stato e a tutti gli enti pubblici di poter erogare più servizi e di farlo nel migliore dei modi, ma soprattutto permette a chi non ha possibilità, di avere qualcosa che altrimenti gli rimarrebbe negato.

Non è misericordia, non è nemmeno altruismo: è patriottismo, amore per il territorio e speranza per il futuro. Sì, perché chi decide di evadere le tasse, sebbene possa avere un guadagno personale, condanna innanzitutto se stesso e poi gli altri, la collettività, il suo Paese o la sua città, a discapito di quei servizi che lo Stato purtroppo non riesce a erogare per mancanza di fondi.

L'evasione ostacola il miglioramento della qualità di vita che alcuni chiamerebbero "felicità", crea barriere, malcontento, rifiuto del territorio, paura e incertezza.

Facciamo un gioco. Prima però facciamo una premessa. Dovete sapere che con l'Irpef incassata lo Stato finanzia le pensioni, la sanità, il debito pubblico, l'istruzione, la difesa e l'ordine pubblico, la pubblica amministrazione, l'economia e il lavoro, i trasporti, i contributi europei, la protezione dell'ambiente, cultura e sport, abitazioni e l'assetto del territorio.

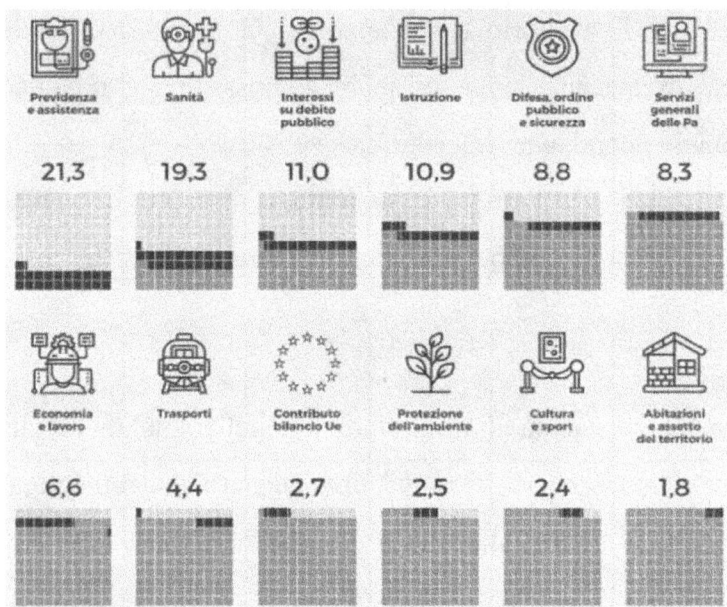

Fonte: "Il Sole 24 Ore"

Adesso giochiamo. Cosa faresti tu, se non avessi sufficiente budget per poter finanziare efficacemente ed efficientemente tutte i fabbisogni elencati? Ridurresti proporzionalmente le fonti a tutti i servizi erogabili? Oppure taglieresti di netto i finanziamenti a qualche particolare settore? E se fosse così, a cosa rinunceresti?

Avrai sicuramente un problema di allocazione delle risorse. Se decidessimo di ridurre proporzionalmente tutti gli investimenti, si avrebbe un peggioramento complessivo di tutti i servizi, sebbene tutti i servizi siano essenziali alla cura della persona e all'indennità della stessa.

La qualità di vita peggiorerebbe fino al punto che l'Italia, il Paese dove hai la tua casa, la tua famiglia e i tuoi amici, diverrebbe un Paese inospitale, "dove si sta male".

Allora potremmo decidere di tagliare qualche finanziamento. Sono sicura che nessuno toccherebbe la sanità, la previdenza e l'assistenza, l'istruzione, la sicurezza e l'ordine pubblico, l'economia e il lavoro.

Potremmo quindi tagliare le somme destinate a finanziare gli interessi del debito pubblico. Ma sono parole che purtroppo si sentono troppo spesso alla televisione, o troppo spesso si notano su qualche giornale e rivista. Penserai: "Allora deve essere sicuramente qualcosa di importante". Difatti lo è.

Allora potremmo disinvestire in trasporti, protezione dell'ambiente, infrastrutture e cultura e sport. Il risultato sarebbe la privazione di tutte quelle bellezze artistiche e naturali che hanno fatto dell'Italia il bel Paese.

Sicuramente allora potremmo disinvestire nella pubblica amministrazione. Sapete quelle interminabili code agli uffici postali o comunali? Diventerebbero più lunghe.

Non ci resta che tagliare i contributi erogati all'Unione europea. Il problema è che i contributi versati all'Unione, erogati a titolo di Irpef, permettono di avere un'Unione europea senza confini o limiti.

Quindi a cosa rinunceresti? La risposta direi che non c'è. Concorrere alla finanza pubblica significa quindi non essere costretti a dover rinunciare a nulla. Pagando l'Irpef, così come tutte le altre tasse, migliorerai il territorio, e forse lascerai per un tuo futuro e per i tuoi figli un Paese molto meglio di come lo hai trovato. Forse allora è questa una delle migliori motivazioni per spendere il denaro.

Chi colpisce l'imposta sui redditi delle società?
Creata e nata da un'idea di un uomo, l'impresa rappresenta

l'estensione del suo imprenditore, sviluppatasi per mezzo della sua esperienza e del suo intuito.

Sebbene sia entità a sé stante, difficilmente il fondatore di una società riesce a non riconoscersi con l'azienda che lui stesso ha originato: frutto dei suoi sacrifici e del suo lavoro, l'impresa è sua, quasi intoccabile.

Creatività, intuito ed esperienza sono remunerate attraverso il guadagno ottenuto dalla società, quello che tutti chiamano "utile di esercizio" (ossia la differenza fra ricavi e costi) e che è in grado di soddisfare l'interesse personale dell'imprenditore.

Ma un'azienda va oltre l'interesse del singolo: essa si è innestata all'interno di un sistema socio-economico dal qualche attinge risorse e a cui è necessario che essa si relazioni per poter scambiare risorse e informazioni con i vari fornitori, clienti, concorrenti, dipendenti, istituzioni pubbliche, enti creditizi, insomma con la collettività.

A questi soggetti esterni è fondamentale fornire un'immagine della società il più possibile chiara e coerente con la realtà: da questa esigenza nasce così il bilancio di esercizio, quel documento contabile in grado di fornire una rappresentazione economica, finanziaria e patrimoniale della società e sul quale tutti gli operatori esterni possono basare la propria decisione di instaurare, continuare e interrompere i rapporti in essere.

Sebbene la funzione esterna sia preminente, il bilancio di esercizio, scaturito dalle operazioni contabili quotidianamente rilevate, ha il dovere di esprimere la capacità reddituale dell'azienda e il suo equilibrio economico, cosicché chi dirige e amministra possa assumere le più opportune decisioni in grado di salvaguardare la prosecuzione e la continuità d'impresa.

Internamente, quindi, il bilancio di esercizio è utile all'imprenditore per comprendere il generale andamento della società e per controllare se questa è riuscita a coprire i costi sostenuti con i ricavi conseguiti.

Tra i costi, l'imprenditore deve provvedere anche al pagamento delle tasse, tra cui l'imposta sui redditi delle società (Ires) che combina essa stessa la valenza interna ed esterna del bilancio.

Internamente perché permette all'imprenditore di poter quantificare l'importo da erogare allo Stato; esternamente perché tasse, imposte e contributi devono essere documentati, sottoscritti, attestati e infine inviati alle istituzioni pubbliche che possono eseguire le opportune verifiche.

La particolarità dell'Ires risiede nella differenza tra la disciplina civilistica, da cui scaturisce l'utile, o la perdita di esercizio, e il diritto tributario, che stabilisce il quantum assoggettabile all'imposta sui redditi della società.

L'Ires, infatti, si calcola apportando all'utile di esercizio, ottenuto secondo i criteri stabiliti dal codice civile, le variazioni in aumento e in diminuzione previste dalla normativa tributaria (in rispetto al Tuir).

Sì, perché il fisco non riconosce tutti i costi imputati a conto economico e sostenuti dall'impresa idonei a ridurre la base imponibile ai fini Ires, o stabilisce che alcuni ricavi possano non concorrere a formare reddito fiscale.

Mentre scopo della normativa civilistica è quindi quello di fornire un'informazione di sintesi chiara, corretta e veritiera sulla realtà aziendale nell'interesse di tutti coloro che hanno un qualsiasi rapporto con l'impresa.

Obiettivo della normativa fiscale è invece quello di determinare il reddito imponibile come base su cui operare il prelievo fiscale a tutela dell'interesse economico dell'erario, nel rispetto dei principi costituzionali di solidarietà (art. 2 Cost.) equità (art. 3 Cost.) e capacità contributiva (art. 53 Cost.).

L'Ires è quindi destinata allo Stato e viene trattenuta dallo stesso per poter provvedere al pagamento dei servizi che offre. Parte dell'imposta viene poi destinata alle Regioni (14 per cento), alle Province (1 per cento) ai Comuni (6 per cento) e alle Camere di commercio, Consorzi e Asl (0,3 per cento).

Ti presento Iva, la donna che fa paura a tutti
Si scrive Iva, si legge Imposta sul valore aggiunto. Odiata,

ignorata, fraintesa e raramente amata, l'Iva, ancora oggi, risulta essere la tassa più evasa in Italia, vuoi per necessità, vuoi per un mero tornaconto personale, perché il meccanismo che la regola è talmente semplice che chiunque può ottenere effetti distrattivi con estrema facilità.

"È facile", disse il commercialista. "È solo una partita di giro".

"Facciamo un forfettario che ne pensa?" rispose il giovane lavoratore.

"A me piace vestirmi di nero" rammentò l'imprenditore criminale.

"Fatturiamo tutto", esclamò l'amministratore corretto.

"Vuole la fattura?" controbatté il dentista disonesto.

"Notifichiamo qualche avviso di accertamento" concluse l'Agenzia delle entrate.

Per chi fosse del mestiere o per chi avesse studiato fiscalità d'impresa, diritto tributario e per chiunque ascoltasse un telegiornale, tutto questo potrebbe sembrare ironico o addirittura spassoso. Difatti lo è. Ma non è distante dalla realtà.

Da molto tempo tutto ciò che ruota attorno all'Imposta sul valore aggiunto è diventato un gioco. Un gioco che i bambini si divertirebbero a chiamare: "Caccia al tesoro".

Un gioco a cui partecipano in molti e in molti modi diversi. Sono vere e proprie opere di ingegno quelle messe in atto per nascondere il tesoro, che passa per le nostre mani, di cui dobbiamo aver cura ma che dobbiamo anche dare e destinare ad altri, allo Stato e quindi alla collettività.

Ruberesti mai qualcosa al tuo fidato compagno di banco? Gli prenderesti, per esempio, il suo libro, anche se è stato il primo a prestartelo nell'ora di matematica? Mangeresti mai anche la sua merenda vedendolo affamato all'ora di ricreazione, solo perché ti ha chiesto di tenerla per una manciata di secondi?

Ecco, chi non versa l'Iva, fa proprio questo: ruba, commette una prepotenza e viola i diritti personali dei propri coetanei, degli amici, dei vicini, insomma, di tutti, solamente perché ha in mano qualcosa, che però è anche di qualcun altro.

Per poter porre rimedio a questo gioco, lo Stato, alias l'Agenzia delle entrate, si è dovuto dotare di una grande quantità di armi e rimedi, sebbene questi strumenti incidano sul montante lavoro di commercialisti e ragionieri senza che ci sia un'effettiva riduzione dell'evasione.

È il presupposto a base del meccanismo regolatore dell'Iva ad essere sbagliato. È illogico pensare di obbligare a versare l'imposta sul valore aggiunto introducendo sanzioni e multe, rafforzando quelle già esistenti o creando espedienti che possano impaurire il contribuente.

È invece fondamentale che questi ultimi comprendano che l'Iva nasce da un guadagno, che c'è stato e che è stato da loro realizzato, che passa nelle loro "tasche" ma che non è di loro proprietà. L'Iva infatti altro non è che ciò che dobbiamo pagare quando trasformiamo un seme in un albero.

"Perché pagare allora?". Ti chiederai. "Non è un bene trasformare il seme in un albero, e tutto ciò che guadagno, frutto del mio sudato lavoro, non è mio di diritto?".

Esattamente. Ma l'Imposta sul valore aggiunto è un'imposta applicata sul valore, aggiunto in ogni fase di produzione e di scambio di beni e servizi e che si riversa totalmente sul consumatore finale, che per la sua qualità di "consumatore" deve contribuire al finanziamento dello Stato.

Per l'incapacità e l'estrema difficoltà che si sarebbe riscontrata se quest'ultimo avesse riscosso l'Iva da ogni singolo consumatore e dai suoi infiniti acquisti, lo Stato prima richiede il pagamento dell'imposta direttamente ai produttori dei beni e dei servizi consumati, mediante il meccanismo "debito-credito", per poi versarla all'Unione europea.

È quest'ultima la destinataria finale delle somme riscosse a titolo Iva, che la ridistribuisce tra i vari Paesi membri sotto forma di contributi europei volti a finanziare progetti meritevoli, validi, profittevoli e di sviluppo economico.

L'Iva, come tutte le altre imposte, nasce quindi dalla necessità di concorrere alle spese pubbliche a seguito del consumo e quindi del deperimento di quelle risorse che devono essere reintegrate in nome del principio di solidarietà ed eguaglianza.

È lo Stato a riscuotere le somme versate, con l'impegno di destinarle all'Unione europea che reindirizza poi tali risorse ai vari Paesi membri affinché questi possano favorire lo sviluppo economico e l'innovazione. Ma questo è solo la fine, tutto iniziò così.

Anno 1957, il Trattato di Roma istituisce la Comunità economica europea, divenuta oggi Unione europea, e con essa vengono sancite le quattro libertà fondamentali dell'ordinamento giuridico sovranazionale: la libera circolazione di uomini, merci, servizi e capitali.

L'eliminazione delle frontiere e l'assenza di confini hanno richiesto un forte impegno degli Stati membri: la creazione di un mercato unico e libero presupponeva infatti l'armonizzazione delle diverse discipline fiscali nazionali, da ottenersi mediante un'omologazione del trattamento fiscale.

Il raggiungimento di questo obiettivo iniziò nel 1973 quando anche in Italia, per la prima volta, compariva nello scontrino quella voce di nome "Iva", la cui disciplina, di origine europea, è stata più volte integrata e modificata.

L'imposta sul valore aggiunto si applica alle operazioni a titolo oneroso (acquisti e vendite) effettuate da imprese e lavoratori autonomi nell'esercizio della propria attività e territorialmente rilevanti in Italia.

Potremmo scrivere un libro intero se solo volessimo spiegare le ultime tre righe: i presupposti costituenti l'imposta sul valore aggiunto hanno aperto dibattiti dottrinali, hanno creato spaccature e tante interpretazioni tra i vari giudici e i tanti tribunali, perché, come ogni altra norma, la legge che disciplina l'Iva deve essere interpretata, e, nel farlo, i vari interpreti possono assegnarle significati diversi e variegati.

Fondamentale però è capire che l'Iva è pratica e materiale, la puoi anche toccare con mano: essa viene a concretizzarsi in quei documenti che tutti chiamano "scontrino, ricevuta fiscale, fattura".

Sono tutte le partite Iva, i lavoratori autonomi e le società a emettere fatture di acquisto e di vendita. Nelle fatture di acquisto chi compra, oltre a pagare il prezzo di ciò che ha acquistato, paga anche l'Iva, secondo le percentuali stabilite dal legislatore, che mutano a seconda della merce acquistata e dell'attività d'impresa esercitata.

Generalmente, un'impresa è contemporaneamente acquirente e venditore e quindi dovrà emettere fatture di vendita e ricevere fatture di acquisto. Quando compra, avrà Iva a credito. Quando vende rileverà un'Iva a debito.

La differenza tra l'Iva a debito (riscossa sui beni e i servizi venduti) e l'Iva a credito (pagata sui beni e i servizi acquistati) è l'imposta da liquidare allo Stato, che tornerà nelle nostre mani e nelle mani della collettività sotto forma di benefici sociali.

Nel caso in cui abbia più Iva a credito, nulla deve essere versato allo Stato che non colpirà chi è già in difficoltà. Nel caso in cui invece io abbia più Iva a debito, ipotesi auspicabile in un mercato con normale funzionamento, la differenza deve essere versata.

Mentre chi esercita attività d'impresa, arti e professioni può attivare il meccanismo debito-credito, per il consumatore finale l'Iva rappresenta un costo addizionale, da dover liquidare per poter concorrere, insieme a tutti, alle spese pubbliche.

Ci sono però alcune operazioni che permettono al consumatore finale di poter pagare meno tasse per il fatto che tali operazioni rispondono a interessi sociali e quindi meritevoli di tutela.

Tra le operazioni concernenti l'imposta sul valore aggiunto non tutte sono infatti imponibili, ove l'Iva è applicata sul prezzo di vendita secondo le varie aliquote riconosciute.

Ci sono le operazioni non imponibili, perché manca uno dei presupposti costituenti l'imposta, e le operazioni fuori campo Iva. Infine, ci sono le operazioni esenti, come le prestazioni sanitarie che, in quanto meritevoli di tutela, non è possibile assoggettare a Iva.

Queste ultime, solo se documentate, possono essere portate in detrazione nei limiti stabiliti dalla legge, in dichiarazione dei redditi. È importante sottolineare che tutto ciò che è "medico" non è assoggettato a Iva.

E il famoso 20% che a volte ci propongono di togliere dal costo della prestazione medica, se pagato in contanti senza emissione di fattura, non è altro che l'importo che andremmo invece a recuperare in dichiarazione dei redditi.

A fronte di una mancata emissione di fattura, però, il professionista risparmia una bella quantità di imposte sui redditi.

Pertanto, un soggetto che offre uno sconto maggiorato per chi decide di non fatturare la prestazione, non solo viola il principio di solidarietà, il principio di eguaglianza e tutti gli obblighi imposti dalla legge, ma ruba il diritto alla detrazione.

Il danno conseguente è duplice: diretto alla sfera personale di ciascun soggetto che perde il credito di imposta, e indiretto alla collettività.

L'Iva riscossa dallo Stato ha la funzione di finanziare i progetti europei, e quindi l'innovazione e il futuro di ciascuno. In tal caso il mancato pagamento dell'imposta sul valore aggiunto concorre alla formazione dell'illecito e, peggio, ha l'effetto di negare un futuro migliore alle attuali e prossime generazioni.

Ciò che è stato detto è solo una goccia nell'oceano della fiscalità, ma parlare dell'imposta sul valore aggiunto, così come di tutte le altre imposte, tasse e contributi è sempre pericoloso: o si è tecnici e si rischia di essere noiosi e confondibili con tutti gli altri manuali e libri di testo, o si è arrogantemente sinceri ed elementari cosicché da toccare argomenti con la massima ingenuità e purezza.

Ho scelto la seconda delle ipotesi. Ho anche pensato che mai nessuno ha parlato di evasione con ironia, quando invece è l'unica arte capace di attrarre l'attenzione di molti e in grado di creare immagini e concetti nella mente delle persone con estrema facilità.

Immagina. Ti racconto una storia. In un soleggiato pomeriggio di giugno, al tavolo del locale più esclusivo di Milano, davanti a piazza Duomo, cinque amici siedono a un tavolo.

Discorrono davanti ai loro aperitivi, ricordando i tempi sui banchi di scuola, rimembrando le serate universitarie ai Navigli e discutendo su come "fare business" e di quella cotanta realizzazione che li unisce ancora oggi.

Il lavoro li impegna e li soddisfa. Tutti con le loro problematiche e gratificazioni: ognuno con la convinzione che i problemi propri siano più gravi degli altri, così come le loro soddisfazioni.

Dopo poco più di mezz'ora, dal lavoro si passa alla famiglia, dal calcio allo sport in generale, dalle vacanze di fine estate ai matrimoni ai quali partecipare, a parlare di viaggi e per finire inesorabilmente si poggia l'attenzione sulla politica: qualche accenno alla cronaca odierna letta sui giornali, o peggio, ascoltata durante un viaggio in macchina interrotto dalle solite e lunghissime chiamate di lavoro.

Si disquisisce sull'operato del governo che, tra i vari "era meglio quando si stava peggio", è ritenuto responsabile, che sia di destra o di sinistra, della rovina del Paese.

E se magari c'è chi si è schierato a favore di un partito e delle sue convinzioni chi a favore di un altro, quando cinque amici si siedono a un tavolo e parlano di politica, il finale è sempre lo stesso: le tasse però massacrano lavoratori, imprenditori, famiglie e professionisti, così non si va più avanti.

Tra i cinque c'è Vittorio, sulla quarantina, imprenditore, disonesto, ma a detta sua "per scelta altrui". È lo Stato a obbligarlo all'evasione. Lui non vuole, lui si dimena tra una continua e perpetua lotta interiore tra la sua etica e quel potere tirannico dell'Agenzia delle entrate a cui, necessariamente, ci si deve ribellare.

La sua è una guerra di principio, e la combatte come gli alleati durante la liberazione. Il suo egocentrismo lo rende intoccabile e talmente arguto che l'abuso di diritto, frodi Iva e reati tributari vengono alla fine dimenticati.

Evasore? Assolutamente no: è una persona dotata di un quoziente intellettivo sopra la media, di un'intelligenza superiore. Sebbene possa sembrare un presuntuoso ossessivo, incurante cleptomane, l'imprenditore disonesto crede di essere solamente una persona più furba delle altre, che ha trovato un modo più logico e intelligente per sfuggire alla tirannia di uno Stato che ancora ha solo la parvenza di essere democratico.

E se la sua creatività e il suo intuito gli hanno permesso di guadagnare milioni di euro producendo sottobicchieri di carta, il suo vero talento resta la simulazione.

Alla sua destra, il fido compagno: Peppe, il dottore di fiducia. Dermatologo, laurea conseguita con il massimo dei voti e charme da vendere. I pazienti lo stimano a tal punto che, oltre ai centocinquanta euro chiesti per la prestazione, devono poter ripagare tutta la sua professionalità.

Sono disposti anche a evitargli il più semplice dei gesti, un clic per esempio, risparmiandogli così quella gravosa fatica di stampare una fattura. D'altro canto, chi accetterebbe una fattura e pagare duecento euro invece che centocinquanta per una visita medica?

Il dermatologo continua così a curare, improvvisamente, anche le casse dei propri amati pazienti. Davanti a questi due, Sara l'amministratrice.

Perfetta nel suo tubino Chanel, lavora per la società che l'ha incaricata di gestire, coordinare e dirigere l'azienda. Onesta, professionale, integra, filantropa e leale, il suo lavoro è devoto allo sviluppo e alla crescita dell'impresa.

Ossessivamente organizzata, non ama le sorprese né gli eventi straordinariamente imprevisti. È la classica donna che mai nessuno desidererebbe come suocera.

Le tasse? Un obbligo da rispettare. L'Agenzia delle entrate? Un ente da non temere. Tutto è scadenzato, tutto è in regola. Vittorio e Peppe se la ridono: ai loro occhi è una figura mitologica questa Sara, e quasi la deridono.

E poi c'è Marco, professore ordinario di filosofia all'Università.

C'è solo una cosa che odia di più della palestra: gli integrali. Al liceo l'insopportabile peso della matematica lo ha reso cagionevole a qualsiasi contatto con numeri e sommatorie.

Non ha nessuna nozione di contabilità e tasse e quando Sara gli chiede cosa ne pensa di tutto ciò, risponde con un inequivocabile: "Io il commercialista lo sento una volta l'anno, per la dichiarazione dei redditi, e mi dice sempre che devo pagare. E ogni anno la cifra è sempre più alta. E ogni anno io pago".

E infine c'è il dottore commercialista. Appassionato più di arredamento di interni che di contabilità, riuscendo a trasformare sedie in mensole, è spesso scambiato per psicologo, analista e confidente anche se i clienti lo preferirebbero più come il nuovo Houdini, capace di illudere l'amministrazione finanziaria e di far svanire imposte e tasse e così malesseri e malumori.

Ha una laurea magistrale, anni di tirocinio e pratica, titolo di abilitazione, esperienza ultrapluriennale e una particolare dose di umiltà che lo fa partecipare a convegni e corsi per restare sempre aggiornato.

Purtroppo, però, la sua mente rifugge da un'orrenda verità: quei tanto amati clienti, oggi, si sono trasformati in colleghi: tutti sanno tutto, perché "su internet c'è scritto così" o peggio ancora, perché "l'amico di amici non paga quella o quell'altra imposta", c'è sempre il commercialista dell'amico del suo cliente che è bravo a non far pagare le imposte.

Non bastano esterometri, spesometri, dichiarazioni dei redditi, bilanci, fusioni, scissioni, trasformazioni e liquidazione Iva, mai nessuna sua conoscenza sarà all'altezza di quelle dei Vittorio o Peppe di turno.

E mentre pensa a un modo altrettanto elegante per far capire ai sui amati amici e clienti che l'unica alternativa possibile al fisco è l'emigrazione a Lussemburgo, magari in un quartiere dove ancora dieci anni dopo si fa fatica a comprendere la lingua locale, o un villaggio di pescatori a Panama, la discussione al tavolo 9 del locale di piazza Duomo si accende, gli animi si infiammano e quell'amicizia ostentata sino a poco fa ora sembra solo un vecchio ricordo.

Vent'anni dopo. Vittorio, in seguito a un accertamento dell'Agenzia delle entrate, ha dovuto chiudere la sua azienda. Peppe è oramai in pensione, ma continua imperterrito a svolgere la professione, ma con un pizzico di liceità in più. Del resto, la Guardia di Finanza l'ha impaurito a dovere.

Il dottore commercialista è a un convegno e il suo sogno è quello di trasferirsi in campagna senza dover rispondere più al telefono e Sara freme all'idea di finire di lavorare e dedicarsi ai suoi due splendidi nipoti.

Tutti con i guadagni di una vita. Tutti con una rispettabilissima reputazione e incoronazione delle loro carriere. Tutti, tranne Vittorio, il quale non ha più risparmi perché confiscati anni prima dallo Stato e lotta per una pensione mediocre.

Alcune di quelle persone, che nel passato egli cercava di convincere a non pagare imposte e tasse, oggi l'hanno seriamente convinto di aver sbagliato.

Peccato, con quei soldi guadagnati onestamente avrebbe potuto avere una vita dignitosa e decorosa.

Tutti, al solito tavolo 9 del bar di piazza Duomo. Tutti, tranne Vittorio: l'evasione non gli pare più un'idea geniale.

L'Italia si è impoverita per storie come queste. Ci sono state tante persone che come Peppe o Vittorio si sono volontariamente e illegalmente sottratte al pagamento dello Stato e hanno lasciato un Paese peggio di come gli era stato consegnato.

Una tredicenne, un giorno, davanti ai leader mondiali di nazioni e paesi ha detto: "Ho imparato che non sei mai troppo piccolo per fare la differenza", e rivolgendosi ha ricordato loro: "Dite di amare i vostri figli sopra ogni altra cosa, eppure state rubando il loro futuro davanti ai loro stessi occhi".

E sebbene quella bambina stesse parlando di come il clima stia cambiando e trasformando l'ambiente che ci circonda, allo stesso modo è necessario trattare l'evasione: come una minaccia.

RIEPILOGO DEL CAPITOLO 4:

- SEGRETO n. 1: l'educazione fiscale è come qualsiasi altra disciplina, richiede pratica e allenamento per poter diventare uso e abitudine della vita quotidiana.

- SEGRETO n. 2: il presupposto delle entrate statali sorge dal principio di solidarietà.

- SEGRETO n. 3: sapere la differenza fra i vari tipi di imposte e tasse ci dà la consapevolezza della loro utilità comune.

- SEGRETO n. 4: se non versiamo le imposte, come in tutte le famiglie, bisogna tagliare alcune spese. Quali taglieresti tra sanità, previdenza, assistenza, istruzione, sicurezza, lavoro? Vi è una spesa pubblica che ritieni non importante per te stesso?

- SEGRETO n. 5: l'Iva: sai che ci sono beni e servizi sui quali non è dovuta? Perché allora qualcuno ti fa credere che, non emettendo il documento fiscale, non ti fa pagare l'Iva?

- SEGRETO n. 6: evadere può essere la distruzione del tuo sogno di vita.

Capitolo 5
Come mantenere sana un'attività

Parola d'ordine: avere una strategia

Occorre una strategia per sopravvivere e per far sopravvivere un'impresa. Quando parlo di strategia aziendale non intendo solo quello che ci insegnano di solito nella teoria.

Se guardate la definizione, per strategia aziendale o strategia d'impresa si intende "Il piano di azione elaborato dal management per la gestione delle operazioni di business dell'impresa […] ossia una serie di azioni finalizzate ad accrescere il volume d'affari, ad attirare e soddisfare i clienti, a competere con successo sul mercato, a svolgere le mansioni operative e a migliorare la performance finanziaria e di mercato dell'impresa".

No, io non la voglio intendere solo così, perché una strategia aziendale deve essere più "romanzata", più "magica", più legata agli aspetti della vita, che sono importantissimi per la sopravvivenza dell'impresa stessa.

Un'impresa è come una persona. Ha bisogno di linfa vitale, ha bisogno di crescere dentro e fuori. Questo è il nutrimento dell'azienda, quello che la tiene in vita.

Non ci sono solo i numeri. E a dirlo è proprio una commercialista. La normativa civilistica e fiscale ci dà degli obblighi, la contabilità, gli adempimenti fiscali, il pagamento delle imposte. Questa è sicuramente la base per il rispetto delle norme, che pure è importante.

Ma è solo una base, è solo la struttura essenziale. Non vi è dubbio che lo scheletro di un'azienda è costituito proprio dal rispetto di un impianto contabile corretto, da un'amministrazione accurata che prende nota di tutti gli eventi che accadono e che trascrive sostanzialmente una storia numerica, specchio dell'andamento dell'azienda stessa.

Lo scheletro è poi costituito dai contratti da e verso l'impresa stessa, quei contratti che in Italia si fa tanta difficoltà a redigere e a tenere sottoscritti. I contratti reggono le regole del gioco e ci consentono di difenderci. Uno dei motivi per cui i giudizi in Italia iniziano e sono tanto lunghi è proprio la mancanza dei contratti.

Non dimentichiamo che quando parliamo di contratti, fra essi si annovera anche la forma giuridica dell'azienda. Chiediamoci innanzitutto se è giusta in base alle nostre esigenze attuali e rispetto all'aggiornamento delle norme.

Verifichiamo dunque se la forma estetica che abbiamo scelto, quella che è visibile ai terzi, sia corretta o meno. In molti neppure se lo chiedono.

È importante poi sapere bene cosa c'è scritto nello statuto della società, se abbiamo una società. Sai quanti soci conoscono cosa c'è scritto nello statuto della loro società? Direi l'1% (ma ammetto che è una statistica tutta mia personale).

Sai se un socio può recedere in qualsiasi momento? E se, per esempio, uno dei soci dovesse venire a mancare? Sai cosa è previsto nelle clausole dello statuto? Mi ritrovo dentro gli eredi o addirittura mi ritrovo a dover liquidare nel brevissimo tempo la sua quota, così da causare ingenti problemi finanziari agli altri soci?

E dall'altra se invece fossi io socio a venire a mancare? Come si verrebbe a trovare la mia famiglia? La mia esperienza mi dice che i soci non si preoccupano mai di fare i conti con quello che potrebbe accadere.

Molto spesso prendono degli statuti tipo, quelli che vengono proposti dai professionisti di loro fiducia, pensando che una clausola valga l'altra. Ma non è assolutamente così e molti se ne accorgono solo quando è veramente troppo tardi.

Sanno ad esempio bene la differenza tra una società di persone e una società di capitali? Saprebbero dire le conseguenze di un'eventuale esecuzione per debiti da pagare o addirittura di un'eventuale dichiarazione di fallimento?

I soci, e tanto più gli amministratori, hanno la formazione necessaria per comprendere la pericolosità di un accertamento fiscale legato a un loro comportamento scorretto? I soci si preoccupano mai di verificare i documenti contabili e i libri sociali?

O questo lo fanno solo quando vengono ai ferri corti con gli altri soci? Anche qui la mia esperienza mi dice che molto spesso i soci non controllano l'operato degli amministratori e si ritrovano con una quota societaria (di loro proprietà) sconosciuta di fatto ai loro occhi.

E se invece non abbiamo una società, ma un ente non profit o un'impresa individuale, quali sono le nostre responsabilità? E cosa succede se io imprenditore, associato o legale rappresentante di ente non profit dovessi venire a mancare?

Sarei curiosa di fare un'indagine per sapere quanti presidenti di associazioni senza personalità giuridica sanno di rispondere personalmente e in solido con l'associazione stessa e, qualora dovesse esserci un evento imprevisto, come ad esempio un accertamento fiscale, non solo ne risponde lui in solido, ma anche i suoi eredi in solido.

Molti prendono in maniera superficiale questo aspetto, essendo invece importante solamente l'essere chiamati "Presidente". Quindi preoccupiamoci innanzitutto di avere una forma giuridica adeguata, un'amministrazione corretta e di utilizzare sempre bene i contratti (e soprattutto di ben conoscere lo statuto della nostra società).

Lo scheletro da solo però non sopravvive. Occorrono gli organi, il corpo che lo riveste, il sangue e il cervello.

Gli organi sono coloro che lavorano nell'azienda. I collaboratori vanno mantenuti "sani", nel senso che devono vivere bene, sereni e in sintonia, perché l'uno dipende dall'altro.

Vanno poi formati, perché il loro funzionamento dipende da quanto sono messi in grado di funzionare bene.

A loro volta i dipendenti e i collaboratori devono aver ben chiaro che da loro dipende il buon andamento dell'attività. Molte aziende si sfaldano perché ci sono gruppi di persone che non comprendono l'importanza di essere un gruppo che spinge uniformemente nella stessa direzione.

E basta un settore che non funziona bene perché l'azienda perda efficienza e redditività. Uno dei problemi più grandi del nostro Paese è proprio legato al costo della manodopera. Spesso le aziende italiane non sono concorrenziali perché sopportano un costo del lavoro molto più alto rispetto ai concorrenti degli altri paesi.

Ci sono a volte, almeno dal mio punto di vista, tutele eccessive, che non consentono all'imprenditore/professionista di assumere con tranquillità e dall'altra invece permettono al dipendente di "abusare" di quelli che vengono chiamati "i diritti del dipendente".

Sono una donna, mamma e in quanto tale mi permetto di dire la mia sui diritti delle donne. Essere donna oggi, essere donna imprenditrice o professionista, significa innanzitutto essere trattata in maniera diversa rispetto a una donna dipendente, che sia del settore privato o di quello pubblico.

Si sa che gli imprenditori non vogliono assumere donne, soprattutto donne in età fertile. È possibile che tutti siano consapevoli di questo problema e nessuno faccia niente per risolverlo?

Non è un problema di competenza, è invece un problema di correttezza, di diritti concessi di fatto solo ad alcune donne. Ci sono donne che si ritengono più importanti, più sveglie, più furbe, solo perché hanno un rapporto di lavoro dipendente che consente loro di stare accanto al figlio fino a tre anni di età.

Queste donne poi utilizzano tale privilegio per sottolineare a quelle donne che non possono (perché hanno un'attività e non intendono lasciarla oppure perché sono oneste). Ci si chiede allora per quale motivo un sistema economico civile avanzato, come quello che dovremmo avere, permette questa differenziazione sostanziale.

Una donna con un'attività, come qualsiasi altro imprenditore, non può lasciare la sua attività per un anno. Lo fa solo e solamente se vi è un pericolo di vita per il nascituro oppure se il figlio non sta bene. E, si sottolinei, in qualsiasi caso non ha una maternità a rischio pagata, né ha la possibilità di avere pagata la maternità per oltre cinque mesi.

Tutto completamente diverso da una donna dipendente. Perché? Perché ancora questi privilegi? Perché non esiste una commissione medica che valuti, per qualunque donna, la reale importanza di una maternità anticipata (per rischio di aborto) o di una maternità posticipata oltre i cinque mesi?

Solo in questo modo l'imprenditore non avrebbe più paura di assumere una donna. Se una maternità anticipata o posticipata oltre i cinque mesi è certificata da una commissione medica, ben venga la funzione sociale della mamma e dell'azienda che ben deve sopportare situazioni di reale rischio di salute.

E si consideri che quello che si sta dicendo non è a svantaggio delle donne, ma a vantaggio di tutte, perché non saremmo più viste come delle disoneste che prendono un periodo superiore a quello previsto e non saremmo più considerate delle minacce per le aziende e, infine, la maternità sarebbe vista da tutti come un periodo fisso e necessario per tutti (a parte appunto le eccezioni) di cinque mesi, che ogni azienda sarebbe in grado di sostenere.

L'azienda non si troverebbe a sostituire una dipendente per ben tre anni, per poi avere l'obbligo, sottolineo l'obbligo, di riprendere la dipendente che ritorna tranquillamente al suo posto di lavoro senza che sappia più quello che è successo in un sistema azienda che è in veloce movimento.

E l'assurdità è che la dipendente (in sostituzione) che oggi sa tutto dell'azienda può essere tranquillamente licenziata. Questo significa veramente non considerare due aspetti: la notevole difficoltà in cui mettiamo l'attività e dall'altra il notevole privilegio (assurdo) che mettiamo tra le mani di una donna.

Io sono felice di non essere una donna così, ne vado fiera e in quanto tale attacco duramente un sistema che ci considera diverse dagli uomini e così facendo ci svantaggia.

Infine, consideriamo che tutto questo si riverberi sulla crescita di un bambino, al quale è difficile far comprendere perché una mamma è diversa dall'altra, perché una mamma ha il diritto di restare con lui (pagata) fino a quando ha un anno e un'altra invece questo diritto non lo ha?

Sono forse diversi i bambini? I bambini di oggi saranno i ragazzi di domani e gli imprenditori del nostro futuro.

Ritorniamo al nostro sistema azienda. Il corpo che riveste lo scheletro sono tutti i beni materiali e immateriali dell'azienda. L'azienda non potrebbe mai produrre (beni e/o servizi) senza una sede, un capannone o un ufficio, un laboratorio.

Senza macchinari (che siano macchine d'ufficio o impianti per la produzione), senza beni immateriali, come i software, i marchi, i brevetti. Oggi, aggiungerei, l'azienda non può funzionare senza un sito o senza i social.

E il sangue da cosa è rappresentato? Dal denaro, quello che mettono gli investitori o quello che scorre per merito dei ricavi, ricavi che ci sono solo grazie a un'ottima azione di vendita e di marketing. Non sono sufficienti tuttavia le vendite. Va monitorato il margine delle vendite e con esso i flussi di cassa.

Non dimentichiamo quindi di analizzare in continuazione lo stato di salute economica e finanziaria dell'azienda. Come? Con un controllo di gestione continuo e specifico per l'attività in questione.

E il cervello? Provate a immaginare. Il cervello è la massa pensante. Il cervello è l'imprenditore. Senza di lui l'azienda praticamente non esiste. Quanto all'imprenditore, proprio lui, è una persona fisica e della persona in sé tanto è stato già detto nei primi capitoli.

Manca una parte importante, ancora non citata: l'anima. L'anima di un individuo è intangibile. Anche l'anima dell'azienda lo è. Ed è per questo che bisogna sempre avere una strategia, perché solo in questo modo l'anima dell'azienda è organizzata e pulita.

L'anima dell'azienda è di fatto la strategia stessa, senza la quale ogni componente camminerebbe per conto suo, senza organizzazione e senza fare gruppo. La strategia è invisibile, è intangibile, forse è l'unica parte di un'azienda che non si può copiare, perché è unica, come unica è l'anima di ciascun individuo.

Non è facile entrare e comprendere nell'immediato quali sono i meccanismi che la reggono, chi è veramente l'imprenditore che la conduce, conoscere i dipendenti e i collaboratori, infine entrare a fare una bella radiografia all'interno, proprio negli organi, per vedere che non ci siano parassiti o addirittura tumori benigni, o ancora peggio maligni.

Esci dal palcoscenico, mettiti nella platea
Ci hai fatto caso? Quando esci da una situazione importante, una storia, una relazione, un momento difficile, quando sei sufficientemente lontano da vederla a distanza, tu riesci a capire tanto, a comprendere dove hai sbagliato, dove avresti potuto fare meglio, dove hai accettato (e così ti chiedi il perché) che qualcuno ti facesse del male o ti conducesse laddove era per altri più conveniente.

Analizzi il tuo *status quo* solo se riesci a uscire dal palcoscenico, dove si girano tutte le scene. Tu non puoi far parte della scena se vuoi vedere come tu stesso stai interagendo.

È lo stesso concetto delle costellazioni familiari (perché l'azienda può essere vista anche come una famiglia), dalle quali traggono origine le costellazioni aziendali, tutte ideate e sviluppate dallo psicologo tedesco Bert Hellinger.

Per uscire dalla scena si possono utilizzare vari metodi, l'importante è che ne esci, soprattutto quando ti trovi in un periodo di confusione e di crisi (personale o d'impresa).

Uno di questi è considerarsi gravemente malato (e se fosse successo veramente?) e vedere tutto da lontano per almeno 40 giorni. Perché 40 giorni e non 21 giorni come ci dice oggi la scienza sui tempi di abbandono di un'abitudine? Perché 40 giorni è il ciclo minimo o di base della maggior parte delle aziende.

Mi spiego. La maggior parte delle aziende in 40 giorni ha consegnato il prodotto/eseguito il servizio, ha fatturato al cliente, ha ricevuto le fatture dai fornitori per il lavoro eseguito, ha in mano 2 buste paga dei dipendenti, ha incassato a 30 giorni la fattura fatta al cliente.

Ricordiamo che stiamo parlando del ciclo base aziendale, è poi ovvio che i tempi di incasso e pagamento possono essere diversi per ogni azienda, ma 40 giorni sono il tempo minimo di allontanamento per guardare da lontano.

Un altro metodo è fare (attraverso professionisti validi) qualche seduta di costellazioni aziendali. Si vanno a vedere le strutture e le dinamiche intrinseche all'attività. Le sedute consistono nell'uso di una molteplicità di tecniche, come la teoria dei campi, la Pnl, la psicologia sistemica ecc., che qui comunque non è la sede per approfondire.

È un metodo molto utile sia per analizzare le problematiche aziendali, sia per cercare le soluzioni migliori per risolvere difficoltà che spesso si intrecciano con quelle personali dell'imprenditore e/o del professionista.

Il punto di maggiore forza è infatti quello di sviscerare le dinamiche relazionali, così da far emergere l'effettivo clima aziendale. E per questo il metodo può essere utilizzato per avviare momenti di cambiamento organizzativo (aiutando così a preparare decisioni strategiche), per selezionare il personale e organizzare le risorse umane e, soprattutto (almeno dal mio punto di vista) per verificare lo stato di salute di un'azienda nelle sue varie parti organizzative.

Le sedute di costellazioni aziendali sono infine utilissime in presenza di problemi legati al passaggio generazionale.

Un altro metodo ancora è quello di restare in azienda (così da monitorare giorno dopo giorno quello che succede) ma farsi seguire, almeno per un periodo intercorrente tra i sei mesi e un anno, da un professionista che abbia anche la qualifica di coach e che sappia interagire con altri professionisti tra i più bravi del settore di appartenenza.

Così in realtà non si esce propriamente di scena, ma lo si fa indirettamente attraverso gli occhi dei professionisti, i quali analizzeranno di tutto a partire dalle clausole presenti nello statuto (se si tratta di società) sino ad arrivare a una pianificazione fiscale, finanziaria e patrimoniale dell'azienda, dell'imprenditore e anche di coloro che ci ruotano intorno.

Tutti questi aspetti, che vedremo nel prossimo paragrafo, sono importanti, tutti necessariamente correlati e per questo nessuno di essi va trascurato o addirittura escluso.

Come il medico economico usa gli strumenti di strategia per mantenere sana un'azienda: il mestiere del fiscologo
Non è intenzione della scrivente trattare in maniera tecnica questi argomenti. Se volessimo illustrarli sotto l'aspetto tecnico ci sarebbero centinaia di libri di eminenti autori in diritto commerciale, diritto privato, diritto fallimentare, economia aziendale, controllo di gestione ecc.

Il mio obiettivo quindi è quello di stilare una specie di elenco di elementi che non vanno dimenticati, perché spesso ho notato che si tende a tralasciarne qualcuno.

Sono tante le aziende che ho incontrato in questi anni di

professione e, almeno per quanto riguarda la mia esperienza, non ci sono attività perfettamente consapevoli di tutto quello che è necessario non trascurare.

Ho pensato a una parola strana per non dimenticare alcun aspetto: il metodo SO.CO.SCA (Scheletro, Organi, COrpo, Sangue, Cervello, Anima).

In altri termini, gli strumenti di strategia aziendale possono essere raccolti, dal mio punto di vista, nei seguenti sottogruppi:

a) La forma giuridica, lo statuto, l'amministrazione e la contrattualistica, ovvero lo scheletro dell'azienda (S).
b) I dipendenti e i collaboratori, ossia gli organi dell'azienda (O).
c) Il patrimonio (beni materiali e immateriali), ovvero il corpo dell'azienda (CO).
d) L'aspetto finanziario, ossia il sangue dell'azienda (S).
e) Il guerriero (l'imprenditore, il professionista, l'amministratore, il presidente del Consiglio di amministrazione), ovvero il cervello dell'azienda (C).
f) La sfera strategica che raccoglie tutti gli altri aspetti, ossia

l'anima dell'azienda (A).

Quando hai a che fare con un'azienda, perché sei un imprenditore o un professionista o un aspirante tale, chiediti sempre se l'hai o meno considerata come una persona, che per restare sana deve monitorare tutte queste parti di "Se".

A) *La forma giuridica, lo statuto, l'amministrazione e la contrattualistica, ovvero lo scheletro dell'azienda (S).*
La forma giuridica di base di un'azienda è l'impresa individuale. Se vi lavorano familiari, è possibile costituire con atto notarile un'impresa familiare, ma giuridicamente solo l'imprenditore è responsabile degli eventi dell'attività.

Se cominciano ad esserci più soggetti che insieme vogliono avviare o gestire un'attività, entriamo nel mondo delle società, di persone o di capitali. Qui vanno considerate bene le responsabilità di ognuno, anche in base alle esigenze di ciascun socio preso singolarmente.

In qualsiasi caso bisogna fare attenzione a utilizzare forme giuridiche che sono solo di comodo, cioè che non rispettano la realtà dei fatti, perché in fase civile, penale e/o fiscale viene preso in considerazione il reale stato dei fatti e vengono quindi considerati responsabili i soci di fatto e/o gli amministratori di fatto.

A nulla serve quindi avere una forma giuridica che sia solo di apparenza. Anzi in tal caso si rischia di fare molti più danni di quanti se ne sarebbero avuti se venissimo guidati nella giusta strada e se usassimo tutti gli strumenti utili alla tutela di tutti, dell'impresa e di coloro che ci vengono a contatto.

Se si tratta di un ente non profit, le forme giuridiche sono le più disparate a seconda del tipo di attività che si vuole andare a fare e in considerazione dei soggetti a cui è rivolto l'ente.

Anche in tal caso, però, non conta l'apparenza, ma quello che effettivamente viene fatto, per cui avere un ente non profit solo di facciata diventerà molto più costoso e pericoloso di un inquadramento corretto della questione.

Bisogna fare attenzione inoltre a quello che scriviamo nello statuto delle società o degli enti non profit. Le clausole scritte negli statuti devono essere legittime da un punto di vista giuridico (e questo è la base), ma rappresentano anche il contratto fra i soci, per cui va seguito nei minimi particolari e in caso di contenzioso sarà seguito alla lettera.

Se leggi lo statuto della tua società o dell'ente senza scopo di lucro che stai amministrando, ti renderai sicuramente conto che lo hai lasciato nel cassetto e che non ti è mai venuto in mente di verificare se stai rispettando tutto quello che c'è scritto e se quello che avevi accordato fra soci è ancora adeguato o meno alle tue esigenze in considerazione di condizioni necessariamente mutate nel tempo.

B) *I dipendenti e i collaboratori, ossia gli organi dell'azienda (O).*

"Migliaia, milioni di individui lavorano [...]. È la vocazione naturale che li spinge, non soltanto la sete di guadagno. Il gusto, l'orgoglio di vedere la propria azienda prosperare, acquistare credito, ispirare fiducia [...] costituiscono una molla di progresso altrettanto potente che il guadagno" (Luigi Einaudi).

È proprio così, il denaro non è sufficiente a tenere "in vita" i propri dipendenti e collaboratori, non è una motivazione abbastanza forte. Qual è, allora, la giusta motivazione, qual è il comportamento migliore da tenere per far restare sani gli organi di un corpo?

Fare in modo che tutti funzionino, nessuno escluso. Tutte le risorse quindi vanno valorizzate, così che acquisiscano uno spirito di collaborazione utile a tenere sano il corpo (ovvero l'azienda).

È importante ancora una volta ribadire quello che è il filo conduttore di questo libro: guarda dentro, non solo attraverso la fisicità e la materialità. I lavoratori vanno conosciuti personalmente, con le loro famiglie, le loro storie, le ambizioni e le difficoltà.

E a loro volta devono avere una grande stima del datore di lavoro, lo devono considerare affidabile nelle sue azioni, solare, positivo e appassionato nel suo lavoro.

È solo così che l'imprenditore può garantire un ambiente di lavoro positivo, con un clima disteso e dove ci sia una condivisione dei successi e delle problematiche aziendali.

I dipendenti devono comprendere che il loro ruolo, dal più basso al più alto, è allo stesso modo essenziale al buon funzionamento dell'azienda. In altri termini, si tratta di una formazione di squadra, dove ognuno ha la sua fondamentale funzione.

Ma essendo una squadra è altresì importante che possano aiutarsi fra di loro, sostituirsi, scambiare i turni, poter accedere a una flessibilità che consenta di gestire problematiche personali esterne all'azienda.

Ultima battuta della spinta motivazionale, ma non ultima in termini di importanza, è la formazione e quindi l'opportunità di crescita.

Molti imprenditori però evitano di formare e di qualificare ulteriormente i propri dipendenti, perché gli stessi pesano già tanto sul bilancio aziendale in termini di costo del lavoro e in più, durante la formazione, non sarebbero a lavorare.

Inoltre gli imprenditori pensano: "Devo anche sostenere il costo per il corso". Molti però non conoscono i Fondi paritetici interprofessionali per la formazione continua. Ai sensi della l. 388/2000 le imprese e i professionisti possono destinare la quota dello 0,3% dei contributi versati all'Inps a uno dei Fondi paritetici interprofessionali attraverso il modulo Uniemens.

Questi fondi inoltre finanziano piani formativi individuali e anche altre attività propedeutiche o comunque attinenti alla formazione. Dal 2011 i piani formativi possono coinvolgere anche i lavoratori assunti con contratto di apprendistato e i lavoratori a progetto.

Sapete quante aziende versano questo 0,3% (che, attenzione, non è un costo per l'azienda, ma, ripeto, una parte di contributi che altrimenti andrebbero versati all'Inps)? Molte, ma ancora non tutte.

Sapete quante aziende fanno richiesta di questi fondi? Pochissime. Perché? Spesso il vero motivo è la mancanza di informazione. È invece un'ottima fonte per il datore di lavoro per finanziare la formazione e per dare quindi agli stessi competenze, energia e motivazione.

C) *I beni strumentali (materiali e immateriali), ovvero il corpo dell'azienda (CO).*
Per beni strumentali si intende qualsiasi entità materiale (macchine, attrezzature, dispositivi, impianti, mezzi ecc.) e immateriale (software, informazioni, certificazioni, marchi, brevetti ecc.) di proprietà dell'impresa e utili al suo funzionamento. Tecnicamente vengono chiamati cespiti e sono a utilità pluriennale.

Nell'inglese tecnico il termine che corrisponde a cespite è "asset", anche se in realtà con asset si intende qualcosa di più, cioè si aggiunge anche il know-how, il valore delle risorse umane.

I beni strumentali consentono all'azienda (insieme alle persone) di produrre beni o prestare servizi. Sono anch'essi assolutamente fondamentali per tutte le attività, ma in particolare nella produzione in genere.

Sono così importanti, che quando nasce un'attività di qualsiasi tipo il problema è trovare le risorse finanziarie per approvvigionarsene, mentre quando è in crisi il problema è come evitare di perderli (a causa magari di pignoramenti) perché appunto senza di essi l'attività subirebbe un'inevitabile battuta di arresto, senza alcuna possibilità di proseguire.

A tal proposito ho più volte sollecitato, in occasione dei convegni che tengo come relatore, una variazione della normativa sulla crisi d'impresa, che renda i beni strumentali impignorabili ai terzi, tali da essere appresi solo ed esclusivamente in caso di fallimento, ossia solo quando l'azienda è veramente cessata.

Per acquistare i beni strumentali alla nascita di un'attività o durante la sua vita (per l'inizio di nuovi progetti di lavoro o perché quelli posseduti sono troppo obsoleti) occorrono, come dicevamo, risorse finanziarie.

Tutti pensano che le risorse finanziarie possano provenire da risparmi personali degli imprenditori o possano essere richiesti finanziamenti (a condizione che si abbiano le necessarie garanzie da prestare). In pochi purtroppo pensano alla finanza agevolata.

Come per i fondi interprofessionali, anche su tale argomento ho notato una mancata conoscenza di base e soprattutto una disinformazione dovuta al preconcetto che "non è facile accedere ai fondi".

Poiché non è facile (ma cosa lo è?) l'imprenditore evita anche di informarsi e così perde importanti opportunità di innovare i processi di produzione o di avviare un nuovo progetto.

La finanza agevolata (lo dice la parola) consiste in tutti quegli strumenti disposti dal legislatore nazionale, regionale e comunitario, che hanno l'obiettivo di mettere a disposizione delle varie attività finanziamenti a condizioni vantaggiose.

Si tratta di bandi, agevolazioni, contributi pubblici con cui si vanno a offrire strumenti vari: dai finanziamenti agevolati agli sgravi fiscali, dai contributi a fondo perduto alla garanzia del credito, fino ad arrivare all'offerta di strumenti di investimento nel capitale di rischio.

Non è importante in questo contesto addentrarci nell'argomento perché ci sono anche per questo centinaia di libri che ne parlano tecnicamente. È essenziale invece far entrare nella mente di tutti che queste agevolazioni esistono e vanno cercate. Non è una perdita di tempo.

Molti professionisti, anche in tal caso, sono del tutto disinformati e questo non sarebbe un problema, se non fosse che non informano il cliente ed evitano di chiedere agli specialisti le opportunità che ci sono sul mercato.

D) *L'aspetto finanziario, ossia il sangue dell'azienda (S).*
L'aspetto finanziario della gestione di un'attività si estrinseca attraverso due flussi: le entrate monetarie utili al finanziamento dell'attività e le uscite monetarie necessarie al raggiungimento dei suoi obiettivi.

Con i soldi abbiamo a che fare tutti in ogni momento della vita, senza il denaro (che sia reale o virtuale) non è possibile quasi nemmeno respirare. Senza il denaro, pertanto, un'attività non può funzionare.

È un concetto banale? Sicuramente sì, nelle parole però, perché la realtà è che molti imprenditori e professionisti non sanno nemmeno cosa siano i flussi di cassa (i cash flow) o non danno loro la giusta rilevanza, e si ritrovano così all'ultimo momento a inseguire opportunità di finanziamento che, in occasione di emergenza, è difficile, se non quasi impossibile, trovare.

Ma che ci vuole? Basta fare il conto di quello che entra e quello che esce. Non occorre perderci tanto tempo. Non è così nella realtà.

Non abbiamo la certezza assoluta di quello che entrerà domani. Premesso che qualcuno nemmeno sa quello che vorrà fare domani (non si pone obiettivi, ma esegue solo quello che gli viene in mente), il domani va in qualche modo previsto, vanno gestiti gli imprevisti e vanno trovate con molto anticipo le risorse necessarie a un eventuale disavanzo finanziario, ossia a un'eventuale mancanza di liquidità.

Nel concetto di controllo finanziario non deve mancare la verifica degli oneri finanziari sborsati e se l'esborso è legittimo o meno.

Da anni studio il contenzioso bancario, perché per tanti anni purtroppo alle banche era stato dato il potere di fare il buono e il cattivo tempo nei bilanci delle aziende.

Non si tratta di accusare le banche, anzi a ben vedere io sono stata e sono anche un difensore delle stesse. Si tratta invece di capire se il comportamento tenuto dalle banche e dagli imprenditori sia stato corretto o meno, se il credito sia stato concesso con una corretta valutazione dell'attività da intraprendere e se siano stati calcolati in modo giusto, e quindi richiesti legittimamente, gli interessi sulle somme date a prestito.

Tutto quanto detto vale per le attività di qualsiasi genere, ma anche per l'individuo. Oggi, ad esempio, i ragazzi non possiedono alcun concetto di "risparmio" e di pianificazione finanziaria, quanto servirà in futuro sarà un problema del futuro. I genitori credono di essere eterni e di poter gestire la vita dei figli per sempre. È un altro problema di educazione, un altro gap culturale di questo secolo, che va assolutamente gestito.

E)   *Il   "guerriero"   (l'imprenditore,   il   professionista, l'amministratore, il presidente del Consiglio di amministrazione), ovvero il cervello dell'azienda (C).*

Colui che gestisce un'attività è colui che la pensa in ogni momento. Se è appassionato del suo lavoro, il "guerriero" pensa in continuazione a come poter sviluppare al meglio la sua attività, sotto ogni punto di vista.

L'attenzione qui non viene rivolta alle definizioni di "imprenditore" in economia o in diritto, ma alle caratteristiche essenziali che egli deve avere perché possa essere un cervello che ragiona correttamente. Vediamo quelle più importanti:

- Deve essere competente nel suo settore affinché possa essere in grado di pianificare le azioni da intraprendere attraverso giuste decisioni. A tal proposito è di nuovo essenziale ribadire l'importanza della crescita personale che passa attraverso la formazione di ogni genere, tra cui quella che gli consente di essere aggiornato su tutto quello che accade nel proprio settore.

- Deve considerare l'impresa come un unico organismo.
- Deve trasmettere passione ed entusiasmo.

- Deve avere il giusto temperamento per gestire le priorità, gli imprevisti e le urgenze.

- Deve sviluppare un'intelligenza emotiva comunicativa, così da essere in grado di dire la cosa giusta al momento giusto, senza utilizzare il grado gerarchico come mezzo di persuasione.

- Deve saper tutelare se stesso, il proprio patrimonio e la propria famiglia. A tal proposito deve sempre pensare che può esserci un domani, anche molto vicino, in cui egli non sarà più in grado di gestire l'azienda o non ci sarà più.

Deve assolutamente chiedersi (cosa che nel nostro Paese non siamo abituati a fare) quali possano essere i giusti strumenti giuridici (un testamento, un fondo patrimoniale, un trust, un contratto di affidamento fiduciario) che gli consentano di raggiungere le sue volontà anche nel caso in cui egli non potrà più parlare (un mio professore, che stimo tantissimo, dice sempre che bisogna invitare i clienti a pensare come lasciare fuori dalla bara un loro piede che cammina).

Quando l'imprenditore ha queste caratteristiche non esiste più nemmeno dentro di lui il terrore della concorrenza. La concorrenza non esiste quando siamo certi del valore intrinseco che è in noi e che siamo in grado di cedere all'esterno.

F) *La sfera strategica che raccoglie tutti gli altri aspetti, ossia l'anima dell'azienda (A).*
L'anima. Religioni e filosofie la definiscono la parte vitale e spirituale di un essere vivente, ma in realtà non vi è una definizione che si possa dire univoca, in quanto ogni corrente spirituale dice la sua.

Sapere cosa sia l'anima implica innanzitutto conoscere la propria. L'anima è una realtà interiore in divenire. Per alcuni resterà grezza durante tutta la vita, per altri ci sarà un'evoluzione. In tal ultimo caso diventa un potenziale infinito.

Molti libri e scritti sull'argomento sostengono che l'anima si evolve attraverso la consapevolezza, quella consapevolezza che consente all'individuo di uscire fuori da quella campana di vetro in cui si è messo, così da iniziare veramente a vivere.

L'anima di un'azienda, di un'attività, si fonda sugli stessi concetti ed è la "figura simmetrica" di un poligono fatto da innumerevoli sfaccettature, rappresentate dall'anima dell'imprenditore e da quella di tutti i suoi dipendenti e collaboratori.

Si dice che l'anima è immortale. Anche l'anima di un'azienda lo è. Piccola o grande, un'azienda lascia sempre una traccia (positiva o negativa che sia), perché ha operato in contatto con altre realtà, altri individui, tutti quelli che vengono tecnicamente chiamati *stakeholders*.

RIEPILOGO DEL CAPITOLO 5:

- SEGRETO n. 1: ricorda il metodo SO.CO.SCA, perché un'impresa è come una persona, ha bisogno di crescere dentro e fuori.

- SEGRETO n. 2: avere una strategia significa controllare periodicamente la forma estetica (giuridica) dell'azienda, lo stato di salute dello scheletro (S).

- SEGRETO n. 3: gli organi (O) del corpo ovvero i dipendenti e i collaboratori di un'azienda devono essere sani e in sintonia, perché l'uno dipende dall'altro. La formazione è fondamentale.

- SEGRETO n. 4: il corpo (CO) di un'azienda è rappresentato dagli strumenti di lavoro, i beni materiali e immateriali. La finanza agevolata, i fondi, i crediti d'imposta ci possono aiutare a dare benessere a questo corpo.

- SEGRETO n. 5: il sangue (S) che scorre in un'azienda è la liquidità. Per avere una corretta pianificazione finanziaria, vanno generati i flussi di cassa e verificate la quantità e la legittimità degli oneri finanziari da sostenere.

- SEGRETO n. 6: la mente pensante di un'azienda, il cervello (C) è la luce brillante della stessa, è il "guerriero" in incessante movimento, con un pensiero continuo alla crescita, alla ricerca e al cambiamento.

- SEGRETO n. 7: l'anima (A) di un'azienda è la figura più ampia e simmetrica di un poligono con tanti lati che sono le anime di tutti coloro con cui viene a contatto (tutti gli *stakeholders*).

Conclusione

Fiscologia è stata per me un'illuminazione, una parola che cercavo dentro me stessa, che potesse raccogliere un po' il mio pensiero sulla vita di tutti i giorni e sulla mia esperienza professionale.

Cercavo una parola che fosse per me il taglio di un nastro di arrivo e allo stesso tempo un punto di partenza come professionista. Questa parola è nata dentro di me con un'emozione simile a quella che si prova quando si dà alla luce un figlio.

Fiscologia è il frutto di quello che sono, dopo anni di studio, di esperienza e di lettura di centinaia di libri. Leggendo, ho compreso anche il valore e la potenza dell'intangibile, della preghiera e della meditazione, che esercito ogni mattina.

Ci sono principi radicati nella mia mente: "Il frutto del silenzio è la preghiera, il frutto della preghiera è la fede, il frutto della fede è l'amore, il frutto dell'amore è il servizio, il frutto del servizio è la pace".

Questa poesia (*Il Cammino semplice di Madre Teresa di Calcutta*) raccoglie tanti dei concetti di cui ho parlato in questo libro: credere in quello che facciamo, amare se stessi, essere utili agli altri, operare per la giustizia utilizzando la pace.

Essere genitori è tra i più grandi doni della vita, essere genitori significa dare alla luce delle creature e tra le creature non c'è solo la vita intesa in senso stretto, significa dare esistenza a qualsiasi cosa. Sono la mamma di fiscologia e questo è per me un altro grande dono di vita.

Spero vi sia piaciuto leggere questo libro, ma soprattutto spero che le parole contenute in queste pagine vengano utilizzate per uno sviluppo esponenziale della mente economica di ciascuno.

Una delle mie passioni è essere in mezzo ai ragazzi, vedere i loro visi pieni di curiosità, leggere in loro quella insostenibile insicurezza che contraddistingue qualsiasi cucciolo che inizia a camminare. Spero che questo libro vada innanzitutto nelle loro mani, per far comprendere loro l'importanza di certi valori, l'amore per se stessi, l'autostima che deve necessariamente passare attraverso la sete di conoscenza.

La mia esperienza mi dice che la formazione è fondamentale; la lettura e lo studio costituiscono le fondamenta di cui ogni mente ha bisogno. Ma non basta.

Occorre avere esperienza per acquisire la consapevolezza che sono le azioni a fare la differenza, sono i comportamenti a lasciare sempre una traccia.

Nei primi due capitoli del libro ho concentrato l'attenzione proprio su questo, su cosa significa diventare un medico dell'economia. Perché uso il termine "medico"?

Perché sia per tutelare se stessi, sia per assistere un cliente, dobbiamo indirizzare la nostra conoscenza all'essere umano e agli effetti della sua interazione con il mondo esterno.

"Orandum est ut sit mens sana in corpore sano": non è un concetto nuovo, eppure spesso non lo ricordiamo o lo dimentichiamo. Il poeta Giovenale sosteneva che l'uomo dovrebbe solo aspirare a un'anima sana e alla salute del corpo, l'idea che corpo e anima possono crescere e svilupparsi soltanto se all'unisono.

Da qui la risposta alla domanda: perché proprio io? Nei capitoli terzo e quarto ho cercato di rendere semplice un concetto ostico come la fiscalità. Prima ho introdotto cosa intendo per "Fiscologia", perché ho inventato questa parola, cosa rappresenta per me.

Se ci si addentra nella spiegazione del significato, si riuscirà anche a comprendere il concetto di vita economica, l'applicazione di una forma mentis di base al nostro destino patrimoniale, economico e finanziario.

Riprogrammare la nostra mente e il nostro comportamento con l'inserimento di paradigmi di etica fiscale, significa renderci liberi in un Paese che deve essere per tutti, significa non essere più schiavi di una spirale che ci può condurre sempre più in basso. Basta camminare tutti insieme nella stessa direzione.

Non servono rivoluzioni, ma solo cambiamenti mentali che ci consentano, ognuno nel nostro piccolo, di comportarci in maniera corretta pretendendo che lo facciano anche gli altri.

Dobbiamo ai nostri figli un Paese democratico e con gli stessi diritti e doveri per tutti, senza distinzioni di alcun genere e senza ingiustificate agevolazioni solo per qualcuno.

Ma per fare questo occorre anche avere un'educazione fiscale di base. Nel quarto capitolo il mio obiettivo è rendere il perché delle entrate dello Stato, esplorando con semplicità il significato delle imposte che "colpiscono" i nostri redditi.

Infine, nell'ultimo capitolo, ho voluto inserire, in maniera scherzosa ma professionale, un metodo per mantenere sana un'azienda. La parola d'ordine è avere una strategia e per averla occorre tenere sotto controllo ogni aspetto di un'azienda.

Vale lo stesso concetto dell'individuo: se ti preoccupi innanzitutto della salute dell'anima di un'azienda, questa si riverbererà su ogni altro aspetto della stessa.

Il metodo "SO.CO.SCA" è solo un connubio di iniziali che servono a considerare se nella nostra mente tutti gli aspetti siano allineati e siano stati tenuti correttamente in considerazione.

Quando valutiamo un'azienda siamo abituati a prenderne i bilanci, i numeri. Questo nel terzo millennio non è più sufficiente: valutiamo il suo scheletro (S), ossia la correttezza della sua forma giuridica; i suoi organi (O) e quindi la mappa dei suoi dipendenti e collaboratori; il suo corpo (CO) fatto di strumenti tangibili e intangibili.

Se il sangue (S), la liquidità scorre in maniera fluida, se il cervello (C) è attivo e pronto alla continua ricerca, se l'anima (A) è sana.

Vorrei cogliere questa opportunità per ringraziare tutte le meravigliose persone che ho incontrato in questi anni, tutte in qualche modo mi hanno dato un insegnamento, sia quelle che mi hanno regalato gioia, sia coloro che mi hanno lasciato tristezza.

Tutti questi insegnamenti mi hanno consentito di capire che ogni individuo è responsabile della propria vita, che i pensieri e i comportamenti di ciascuno di noi plasmano la nostra realtà, che basterebbe avere la consapevolezza che modificando le nostre azioni e il nostro modo di pensare potremmo condizionare quello che viviamo.

Se ti è piaciuto questo libro e hai piacere a entrare in contatto con me, puoi farlo da qui:

- Sito web ufficiale:
  http://studiopietrella.it
- Facebook (profilo personale):
  https://www.facebook.com/fabiola.pietrella
- Pagina Facebook (del nostro studio):
  https://www.facebook.com/studiopietrella/
- Linkedin:
  https://it.linkedin.com/in/fabiola-pietrella-706977134

Ricorda inoltre che puoi seguirmi nel corso dei numerosi

convegni che tengo come relatore in giro per l'Italia di fronte e in mezzo a un numero infinito di persone meravigliose con cui ogni giorno vengo a contatto.

Dicono di me

Una mamma, nessuna e centomila di Aurora Prosperi
"Che relazione c'è tra le mie idee e il mio naso? Per me, nessuna. Io non penso col naso, né bado al mio naso pensando. Ma gli altri? Gli altri che non possono vedere dentro di me le mie idee e vedono da fuori il mio naso?".

Questa – una delle citazioni che più mi ha colpito – è presente in uno dei miei romanzi preferiti di Luigi Pirandello, drammaturgo, scrittore e poeta italiano vissuto intorno al XX secolo.

Il caso vuole che il titolo di tale opera, ovvero *Uno, nessuno e centomila*, si leghi perfettamente ai due argomenti dei quali mi preme fortemente scrivere nel mio piccolo contributo a questo libro.

Il primo tema di cui mi piacerebbe trattare è senza dubbio la mia mamma la quale, oltre a darmi la preziosa possibilità di esprimere qui i miei pensieri (cosa del tutto insolita per una sedicenne), è sempre pronta a supportarmi e guidarmi verso la giusta strada.

Per questo vorrei cogliere l'occasione per ringraziarla, cosa che a mio discapito non faccio mai, perché spesso ciò che abbiamo ci appare scontato, quando invece è fondamentale.

Ho scelto di ispirarmi a tale testo pirandelliano perché è la storia di una consapevolezza che si va formando con il passare del tempo.

Il protagonista, infatti, passa dal considerarsi unico per tutti, per poi comprendere che ai suoi occhi è nessuno, fino ad arrivare a capire che cambia in base ai diversi contesti.

Questi concetti in realtà valgono per tutte le persone, ma, nel prendere in prestito questo titolo, non ho la pretesa di mettermi sullo stesso piano di Pirandello, né di saper descrivere il guazzabuglio che caratterizza l'animo umano, bensì semplicemente di illustrare cosa una qualsiasi sedicenne vede in una mamma multiforme e "fuori dalle regole".

Di fatto mia mamma è "una", unica e irripetibile, come tutte le mamme del mondo d'altronde. La mia mamma, però, a volte è "nessuno", perché la passione che mette in ciò che fa la allontana fisicamente dai suoi figli.

La mia mamma è anche "centomila", tante sono le sue idee, i suoi interessi, la sua immensa voglia di scoprire l'inscopribile.

Il suo insegnarmi tenacemente che tutto nella vita si può raggiungere con un pizzico di follia e fiducia in se stessi, mi ha fatto comprendere fin da piccola quanto per lei fosse importante diventare una stimata commercialista.

Ma a volte le parole non bastano. Ed ecco che intervengono i fatti a dimostrare il vero essere di una persona.

Ho sempre visto mia mamma come quelle supereroine dei film che sono in grado di combattere contro tutto e tutti, contro la gente spesso troppo cattiva e contro i continui ostacoli che la vita ci pone davanti, cercando sempre di ottenere la meglio, usando due poteri tanto scontati quanto insoliti: umiltà e coraggio.

Quando mi sento abbattuta adoro entrare all'interno di quella minuscola soffittina, oggi piena di polvere e altre cianfrusaglie varie, dalla quale è nato un miraggio apparentemente impossibile. Quindi mi siedo sopra alla vecchia e scricchiolante scrivania, ritornando a circa dodici anni fa, e tutto si trasforma.

D'improvviso, ciò che mi circonda appare così reale da darmi l'impressione di rivivere quei momenti: io che gioco sul pavimento, nonna che mi porta la merenda, mamma immersa fra mille carte per me indecifrabili.

Non posso non parlare anche della classica "ansia di non farcela", solita di chi inizia una nuova esperienza, stampata sul volto di mamma.

Pensare che da una sola roccia è nato poi un intero castello mi dà una strana energia e mi ricorda continuamente che nella vita l'importante è non mollare mai.

Dato il significato del titolo del romanzo dal quale ho deciso di prendere ispirazione, mi piacerebbe anche esprimere la mia opinione riguardo alla società odierna.

In particolare, vorrei diffondere il mio messaggio a tutti coloro che, come me, stanno vivendo questa fase un po' critica e confusa della vita, chiamata adolescenza.

Pirandello nella sua opera narra di Vitangelo Moscarda, uomo fragile d'animo, che scopre di essere visto dagli altri diversamente da come lui si era sempre raffigurato.

Egli così cerca di modificare il giudizio che le persone hanno di lui, senza però badare a migliorare, prima di tutto, se stesso. Come non rimanere stravolti al comprendere che tale autore è riuscito a descrivere in modo impeccabile una situazione oggigiorno sempre più diffusa?

Da ragazza curiosa e attenta a ciò che le accade intorno, noto che si preferisce "apparire" più che "essere".

Ovvero, passiamo la nostra vita a cercare di rilevare cosa gli altri pensano di noi, ma non ci curiamo di nobilitare la nostra persona.

La conseguenza più nefasta di ciò, a mio parere, è che possiamo essere manovrati da chiunque voglia.

Ci basta sapere da qualcuno che il nostro modo di essere o di pensare è sbagliato per cambiarlo radicalmente, pur di non apparire inadeguati.

Ed è proprio questo secondo me il principio sul quale si fonda il bullismo, un fenomeno "pietoso" che si sta espandendo esponenzialmente. Perciò, l'invito che propongo ai lettori di questo libro è di riflettere riguardo a tale tema e di non interessarsi del pensiero degli altri, a meno che non si abbia la certezza dell'utilità per la nostra formazione.

Poiché sto scrivendo di letteratura legata alla società, mi viene infine spontaneo citare un'espressione del nostro più celebre poeta, Dante Alighieri, ovvero "Non ragioniam di lor, ma guarda e passa" (Canto III, *Inferno*).

Un'amica che nessuno potrà mai rubarmi di Tiziana Ilari

"E adesso chi cavolo è questa spilungona bionda che sta venendo verso il mio ufficio?!".

Una voce alle mie spalle: "Buongiorno dottoressa Pietrella, prego venga le mostro il suo ufficio". Il suo ufficio?! Questo è il mio ufficio! No... purtroppo sarebbe stato il nostro ufficio, il capo mi aveva appena presentato la nuova tirocinante che avrebbe condiviso con me quella stanza già troppo stretta.

Io diffidente e insofferente, tu un po' timida ma sicura di te... sarebbe stata una dura convivenza. Ma in punta di piedi, col tuo fare sempre gentile, con i tuoi sorrisi e quella strana energia positiva e coinvolgente che si avverte standoti accanto, sei riuscita a dissipare ogni mio pensiero negativo.

Chi l'avrebbe mai detto. Solo pochi giorni e già eravamo amiche, complici, confidenti.

Sono passati vent'anni, le nostre vite hanno preso strade diverse, percorsi professionali diversi, siamo state anche mesi interi senza vederci ma niente è mai riuscito a spezzare quel filo sottile che ci tiene unite.

La vita spesso ci mette alla prova ma tu da ogni evento negativo e doloroso ne sei rinata più forte e coraggiosa di prima. Hai saputo trasformare le avversità in opportunità per capire, crescere e diventare la splendida donna che sei oggi.

Un guerriero instancabile, forte e coraggioso, sempre pronto a battersi contro le ingiustizie e a portare avanti le proprie idee con orgoglio e tenacia.

E al contempo un cuore grande, un animo puro, una generosità che è quasi impossibile trovare nelle persone in questo delicato momento di crisi e di incertezze.

Tu sei sempre pronta a dare senza aspettarti niente in cambio, per il puro gusto di farlo, per il tuo spiccato senso di giustizia e uguaglianza.

Mi piace pensare che ogni anima viva tante vite diverse, in corpi diversi, in epoche diverse ma che alcune di queste si ricongiungano sempre. Non voglio avventurarmi in argomenti troppo grandi per me ma semplicemente voglio credere a questa teoria perché vorrei averti accanto ancora per tanto tempo e anche oltre, in tutte le nostre vite future.

Cosa penso di questo libro di Sara Magi

Semplice, facile, scorre via veloce. Il libro, pur presentandosi come un libro di fiscalità, si pone l'arduo compito di consegnare ai lettori una materia troppo ostica e su cui nessuno ha mai romanzato.

L'obiettivo è però raggiunto. Lessico facile, dritto al punto e soprattutto confidenziale. I ragazzi non ne saranno impauriti, i professionisti lo leggeranno nell'attesa del loro collega a un appuntamento di lavoro.

Perché è proprio questo il libro: una "confidenza" tra amici, che parlano senza troppi convenevoli, senza tutti quei termini in politichese, avvocatese e commercialisticatese.

È il pensiero di una professionista che guarda le cose per quello che sono, e per quello che sono le racconta, così come sono avvenute nella sua vita, mentre i "suoi affari" si sono, gioco forza, intrecciati alle vicende personali.

I suoi clienti non sono il risultato, la fine, il guadagno: sono il mezzo da cui partire per prendere spunto.

Usa molti "io penso", "io credo", "io ritengo". L'umiltà è mascherata dietro proprie opinioni che si preoccupa di evidenziare come sue.

Al libro manca quel sano egocentrismo che ha fatto di questa donna una professionista.

Chi leggerà il libro lo capirà. Gli argomenti più tecnici sono toccati con una sicurezza e semplicità disarmanti: del resto la vera ardua impresa è quella di rendere comprensibili argomenti difficili.

E se l'ultimo capitolo, "Come mantenere sana un'attività", potrebbe essere ancor più sviscerato perché parla di qualcosa di bello (a chi del resto non piacerebbe fare impresa e creare qualcosa di proprio?) e qualcosa di pratico, è la prima parte "Qualcosa di me e della mia voglia di scrivere" a non reggere il confronto con il resto del libro.

Contorta per la complessità e immaterialità degli argomenti trattati. I paragrafi sembrano scollegati, come se fossero pensieri scritti e non riletti da qualcuno che cerca di dare voce a una vita trascorsa a viverla piuttosto che a raccontarla.

Il risultato, è che la prima parte ostacola la volontà del lettore di entrare nel racconto, in quella che è stata la vita e l'esperienza di vita di questa professionista.

La sensibilità e l'umiltà utilizzata per raccontare è troppa ed è estrema: vogliamo sapere di più e lo vogliamo sapere in un modo più semplice.

www.ingramcontent.com/pod-product-compliance
Lightning Source LLC
Chambersburg PA
CBHW071550200326
41519CB00021BB/6689

9788861748132